프로이트, 융, 프롬, 매슬로의 비판적 이해

거장에게 묻는 심리학

프로이트, 융, 프롬, 매슬로의 비판적 이해

거장에게 묻는 심리학

초판 1쇄 발행 2012년 6월 1일

초판 2쇄 발행 2014년 1월 25일

–

지은이 김태형

펴낸이 이방원

편 집 김명희 · 안효희 · 조환열 · 강윤경

디자인 박선옥 · 손경화

마케팅 최성수

–

펴낸곳 세창미디어

출판신고 2013년 1월 4일 제312-2013-000002호

주소 120-050 서울시 서대문구 경기대로 88 냉천빌딩 4층

전화 02-723-8660

팩스 02-720-4579

이메일 sc1992@empal.com

홈페이지 http://www.sechangpub.co.kr

–

ISBN 978-89-5586-147-1 03180

이 도서의 국립중앙도서관 출판시도서목록(CIP)은 e-CIP 홈페이지(http://www.nl.go.kr/ecip)와 국가자료공동목록시스템(http://www.nl.go.kr/kolisnet)에서 이용하실 수 있습니다. (CIP제어번호: CIP2012002347)

프로이트, 융, 프롬, 매슬로의 비판적 이해

거장에게 묻는 심리학

김태형

세창미디어

심리학이라는 학문을 대표할 수 있는 심리학의 거장들을 한번 선택해보라고 하면 누구누구를 꼽을 수 있을까. 사람마다 차이는 있겠지만 지그문트 프로이트(Sigmund Freud, 1856~1939), 칼 구스타프 융(Carl Gustav Jung, 1875~1961), 에리히 프롬(Erich Fromm, 1900~1980), 에이브러햄 매슬로(Abraham H. Maslow, 1908~1970)를 심리학 분야를 대표하는 거장으로 지목하는 데 반대할 사람은 그다지 많지 않을 것이다.

프로이트와 융은 각각 정신분석학과 분석심리학의 창시자로서 지금까지도 심리치료 분야 나아가 대중문화 영역에 상당한 영향을 미치고 있는 심리학자들이다. 프롬은 정신분석학을 거시적인 사회역사적 문제를 설명하는 데 적용함으로써 심리학의 관심사를 개인이라는 틀을 넘어서는 넓은 범위로 확대하는 데 공헌한 사회심리학자이다. 마지막으로 매슬로는 제1의 심리학이었던 프로이트의 정신분석학과 제2의 심리학이었던 행동주의 심리학을 모두 비판하면서 제3의 심리학인 인본주의 심리학을 창시함으로써 심리학 발전에 기여했다. 그렇기 때문에 심리학을 가까이 하려고 하는 이들은 어떤 곳에서든 그리고 그것이 어느 시점이든 간에 이 네 명의 심리학자를 반드시 만나고 지나갈 필요가 있다.

프로이트, 융, 프롬, 매슬로의 이론을 올바르게 이해하고 연구하는 가장 좋은 방법은 뭐니뭐니해도 그들이 직접 저술한 저작을 읽는 것이라고 할 수 있다. 하지만 유감스럽게도 그들의 저작은 일반인들이 읽어내기에는 다소 난해하기 때문에 상당수의 사람들은 그들의 이론을 이런저런 해설서를 통해서 피상적으로, 간접적으로 접하고 있다. 나아가 그들의 이론을 비판적으로 읽어내기는커녕 이해하기에 급급해하고 있다. 내가 프로이트, 융, 프롬, 매슬로의 중요 저작을 하나씩 선정하여 그것을 알기 쉽게 해설하고 비평하는 작업을 하게 된 것은 이 때문이다.

프로이트는 정신분석학에 기초해 개인의 심리현상만이 아니라 다양한 집단심리나 사회현상들까지 설명하려고 시도했는데, 이러한 그의 폭넓은 학문적 관심이 잘 드러나 있는 것이 바로 〈세계관에 대하여〉(Weltanschauung, 1932)라는 저작이다. 내가 이 저작을 선택한 것은 그것이 대중적으로 그다지 많이 알려져 있지는 않지만, 여기에 만년의 프로이트 사상이 집대성되어 있다고 판단하고 있기 때문이다. 따라서 이 저작을 읽는 독자들은 학자로서의 프로이트에 대해 정확히 이해하고, 세계관(철학)과 심리학의 연관성 그리고 종교와 마르크스주의에 대한 일련의 통찰을 얻게 될 것이다.

융에 대한 지식인이나 대중의 일반적인 반응은, 그의 저서는 이해하기가 어려워서 이런저런 책을 읽어보아도 그의 이론이 손에 잘 잡히지 않는다는 것이다. 사실 융의 저서들은 난해하고 모호하기로 유명한데, 그의 저서들 중에서 그나마 가장 이해하기 쉽게 또 명료하게 쓰여진 것이 〈무의식에 대한 접근〉(Approaching the Unconscious, 1961)이다. 이것은 출판사의 강력한 요구가 있어서이기는 했지만 융이 일반대중을 대상으로, 그들의 눈높이에 맞추어 자기의 이론을 설명하기 위해 집필한 저서이다. 동시에 융이 사망하는 그 해에 완성된 이 저서는, 분석심리학의 핵심 개념이나 아이디어에 대한 그의 최종적인 견해를 포함하고 있다. 이런 점에서 〈무의식에 대한 접근〉은 융의 이론을 이해하는 데서 기본교재라고 할 수 있으므로, 독자들은 이 저서를 읽음으로써 분석심리학에 대한 전반적인 그림을 머릿속에 그릴 수 있게 될 것이다.

프롬은 프로이트의 정신분석학과 마르크스주의를 접목시켜 사회현상 그리고 근현대인의 집단심리를 해명하려고 했던 사회심리학자이다. 그는 심리학자 중에서는 최초로 히틀러의 등장과 같은 사회현상을 심리학으로 설명했으며, 자본주의제도와 집단심리 간의 관계를 규명하는 데에도 많은 노력을 기울였다. 프롬의 저서 〈인간의 마음〉(The Heart of Man, 1964)은 파란만장한 인류사가 제기해 왔던 핵심적인 질문에 대한 그의 대답이다. 여기에서 프롬은 인류가 파시즘을 허용하게 된 이유 나아가 전통적으로 철학의 주제로 간주되어 왔던 사람의 본질, 특히 선과 악의 문제를 심리학으로 규명하고 있다. 그러므로 독자들은 〈인간의 마음〉을 읽음으로써 정신분석학과 자본주의사회에 대한 프롬의 날카로운 비판 그리고 사회현상과 인간심리의 배후에서 작용하는 심리법칙에 대한 의미 있는 시사점을 얻게 될 것이다.

인본주의 심리학의 창시자 매슬로는 사람을 병적인 존재, 동물적 본능에 지배당하는 존재로 보는 정신분석학적 견해를 거부했다. 그는 동시에 사람을 외적인 자극에 단순하게 반응하는 하등동물로 간주하는 행동주의 심리학의 견해도 반대했다. 매슬로는 심리학이 무엇보다도 건강한 사람을 연구해야 하며, 그래야만 심리학이 건강하지 않은 인격만이 아니라 건강한 인격까지도 망라할 수 있는 '긍정적 심리학(Positive psychology)'이 될 수 있다고 주장했다. 사람에게 가장 중요한 사회적 동기의 중요성을 강조함으로써 동기이론 분야에 커다란 기여를 한 매슬로는 자신이 사망하기 2년 전에 〈존재의 심리학을 향하여〉(Toward A Psychology of Being, 1968)를 출간했는데, 이 저서에는 그가 창시한 인본주의 심리학의 정수가 담겨 있다. 따라서 독자들은 이 저서를 통해 매슬로의 이론, 나아가 인본주의 심리학이 무엇인지를 명확하게 이해할 수 있게 될 것이다.

세상만사가 다 그렇듯이 심리학이라는 학문 역시 계승과 혁신을 통해서 발전한다. 즉, 기존의 심리학 이론 중에서 올바른 것은 정확히 계승하고 잘못된 것은 과감히 혁신해야만 심리학이 계속 발전할 수 있다는 것이다. 그렇기 때문에 나는 프로이트, 융, 프롬, 매슬로의 저서를 단순히 해설하는 데 그치지 않고 그들의 주장 중에서 계승해야 할 것이 무엇이고 혁신해야 할 것이 무엇인지를 명확히 판별하기 위해 노력했다. 나의 이러한 시도에 대해서는 앞으로 활발한 토론과 논쟁이 있기를 기대한다.

나는 독자들이 이 책을 접함으로써 무엇보다 각종 오해와 편견에서 벗어나 프로이트, 융, 프롬, 매슬로의 이론을 정확하게 이해하게 되기를 바라며, 나아가 그들의 이론을 비판적 안목으로 대할 수 있는 눈을 갖게 되기를 희망한다.

2012년 5월

심리학자 김태형

제1장

—

프로이트

—

세계관에 대하여

SIGMUND
FREUD

정신분석학의 창시자인 프로이트는 무의식 개념의 대중화와 성욕설을 기본으로 하는 본능이론 그리고 정신을 이드–자아–초자아로 구분하는 정신구조론 등으로 널리 알려져 있다. 그러나 프로이트의 이론은 오늘날의 주류 심리학계에서는 그다지 환영받지 못하고 있다. 예를 들면 대부분의 심리학과 학생들은 대학 첫 학기에 프로이트 이론을 약간 배우고는 졸업할 때까지 더 이상 배우지 않는다(Noel Sheehy/정태연·조은영 역, 2004, 『50인의 심리학 거장들』, 학지사, 2009, 154쪽)는 것을 알고는 당황해한다. 하지만 주류학계의 이러한 냉담한 태도에도 불구하고 정신분석학은 지금까지도 심리치료나 문화예술 분야에서 커다란 영향력을 행사하고 있으며 일반인들에게도 상당한 영향을 미치고 있다.

　주류 심리학계에서 무시당해도 할 말이 없을 정도로 많은 오류를 가지고 있음에도 불구하고 정신분석학이 이렇게 끈질긴 생명력을 과시하고 있는 까닭은 무엇일까? 여기에는 여러 가지 이유가 있겠지만, 그 무엇보다도 정신분석학이 '인간 정신의 모든 측면을 포괄하고 인간 행동의 모든 측면을 설명'할 수 있기 때문이다. 생리심리학, 인지심리학, 실험심리학과 같은 다양한 분야의 심리학 이론들은 비록 그것이 과학적으로 검증된 진리일지라도 제한적인 심리현상만을 설명할 수 있다. 예를 들어 사회심리학의 귀인이론은 어떤 행위를 한 사람이 그 행위의 원인을 외부조건 탓으로 돌리느냐 아니면 자기 탓으로 돌리느냐를 밝히는 것으로서, 어떤 사고나 행동의 원인을 추론하는 사고방식에만 적용되는 법칙을 제공할 뿐이다. 그렇기 때문에 그런 심리학 이론들은 '사람이란 어떤 존재인가?', '사람의 마음이란 무엇인가?'와 같은 거시적이고 중요한 질문에는 대답을 하지 못하는 한계를 가진다. 반면에 정신분석학은 그것이 옳건 틀리건 간에 심리현상의 일부분만을 다루는 것이 아니라 사람의 정신과 행동 모두를 포괄하는 이론을 구축하고 있기 때문에, 다른 주류 심리학의 틀로는 불가능한 체계적인 설명을 제공할 수 있다. 정신분석학의 이러한 강점 때문에 그것은 여전히 다른 심리학 이론들이 손대지 못하는 중요한 문제들에 발언권을 행사하고 있는 것이다.

나아가 프로이트는 단지 개인의 심리현상만이 아니라 정신분석학에 기초해 다양한 집단심리나 사회현상들까지 설명하고 있는데, 이러한 그의 폭넓은 관심이 잘 드러나 있는 것이 바로 『세계관에 대하여』라는 저작이다. 이것은 1932년에 진행된 〈새로운 정신분석 강의〉의 마지막 강의인 서른다섯 번째 강의를 정리한 것이다. 대중적으로 널리 알려져 있지는 않지만 이 저작에서 프로이트는 원칙적으로 철학의 주제라고 할 수 있는 세계관을 과감하게 다루고 있으며, 종교와 마르크스주의를 비평하고 있다.

정신분석학과 세계관

세계관은 개별과학의 사상이론적, 방법론적 기초로 된다. 전체에 대한 일반적 견해는 그 부분들에 대한 구체적 연구를 위한 지침으로 되기 때문이다. 세계관은 개별과학들의 연구방향을 제시하고 그 연구방법을 제공하며 그 성과에 대한 이론적 해석의 지침을 준다. 따라서 다른 모든 학문들과 마찬가지로 심리학도 세계관과 떼려야 뗄 수 없는 밀접한 관계를 가지고 있다. 프로이트는 세계관을 다음과 같이 정의하고 있다.

세계관이란 하나의 지적 구성체로서 우리 존재의 모든 문제들을 고차원의 전체에 의해 통일적으로 해결해주는 것이며, 그럼으로써 우리의 어떤 물음도 대답되지 않은 채로 남아 있지 않게 하며, 우리의 관심을 끄는 모든 것이 그 안에서 자신의 특정한 위상을 차지하는 상태를 의미합니다.(프로이트, 1932, 「세계관에 대하여」, 『새로운 정신분석 강의』, 열린책들, 2003, 213쪽; 이하 이 장에서 쪽수만으로 인용.)

이것은 세계관의 핵심특징을 그런대로 잘 묘사하고는 있지만 세계관에 대한 정확한 정의라고는 할 수 없다. 왜냐하면 세계관이란 전체로서의 세계에 대한 통일적인 견해, 관점과 입장의 전일적인 체계를 의미하기 때문이다. 사람들은 생활과정에서 주위의 다양한 사물현상들과 관계를 맺으며 그에 대한 이러저러한 견해를 가진다. 이와 함께 온갖 사물현상들을 포괄하는 전체로서의 세계란 무엇인가, 사람의 본질은 무엇이며 주위세계와 어떤 관계에 있는가, 세계의 특수한 영역인 사회는 무엇이며 어떻게 변화·발전하는가, 사람은 세계 속에서 어떻게 살며 활동하여야 하는가 등 여러 가지 문제들에 깊은 관심을 가진다. 이러한 문제들은 세계의 어떤 개별적 영역이나 사람의 구체적 활동에 국한되는 것이 아니라 생활과정에서 일반적 의의를 가지는 문제들이다. 그렇기 때문에 프로이트는 세계관을 '존재의 모든 문제들을 고차원의 전체에 의해 통일적으로 해결해주는 것'이라고 규정했던 것이다.

프로이트는 세계관을 소유하는 것이 '인간의 이상적인 소망에 속하는 일'이며, '그에 대한 믿음 속에서 인간은 자신들의 삶 속에서 안전함을 느끼며, 무엇을 추구해야 하고, 어떻게 자신의 감정과 관심을 가장 합목적적으로 운용할 것인가'를 알게 된다고 말했다. 즉 세계관은 사람들을 정신적 불확실성으로부터 해방시킴으로써 안전함을 주고, 인생의 목표와 방향을 제공함으로써 어떻게 살아야 하는가에 해답을 준다는 것이다. 그러므로 종교적 세계관을 가진 사람은 세계란 하느님의 창조물이고 사회역사란 하느님의 뜻이 구현되는 과정이라는 등의 견해와 관점, 입장을 가짐으로써 세상에 대한 두려움으로부터 해방되어 안전함을 느끼게 되며, 하느님의 뜻에 순종하며 그것을 실현하려는 삶을 추구하게 된다.

세계관이 사람에게 이렇게 거대한 영향을 미치는 것인 만큼 프로이트로서는 세계관에 관심을 가질 수밖에 없었을 것이다. 그렇다면 정신분석학은 세계관과 어떤 관계에 있는가? 프로이트는 이 질문에 다음과 같이 대답했다.

심층 심리학, 혹은 무의식의 심리학으로서 정신분석이 자신만의 세계관을 구축하는 것은 불가능합니다. 정신분석은 과학의 일반적인 세계관을 받아들여야 합니다.(214쪽)

심리학을 비롯한 여러 분과 학문들은 특정한 세계관에 기초하여 자신의 이론을 정립해나간다. 정신분석학 또한 마찬가지이다. 하지만 프로이트는 정신분석학이 반드시 '과학적 세계관이라는 용어를 도입해야 한다'고 반복적으로 강조하고 있다. 다시 말해 정신분석학은 다른 세계관이 아니라 과학적 세계관에 토대해서 '연구영역을 정신의 분야로까지 확장'함으로써 학문발전에 기여해야 한다는 것이다.

프로이트는 세계관 중에는 과학적인 세계관이 있는 반면 비과학적인 세계관도 있다고 보았다. 세계관의 과학성의 정도는 무엇보다 인류가 도달한 과학발전수준에 의존한다. 그렇기 때문에 과학발전수준이 극히 미미했던 원시시대에는 과학적인 세계관이 출현할 수 없었지만 과학이 발전함에 따라 점차 과학적인 세계관이 등장하게 되었던 것이다. 세계관의 과학성의 정도는 또한 그것을 소유한 사회적 집단, 계급의 이해관계가 역사발전의 객관적 합법칙성 및 과학발전의 성과와 근본적으로 합치되는가 안 되는가에 의존한다. 중세 시대에 유럽의 종교적 지배집단은 천동설을 지지하면서 지동설을 주장하는 학자들을 가혹하게 탄압했다. 왜냐하면 지동설은 종교적 세계관의 일부를 부정하는 것이어서 종교적 세계관으로 대중을 지배하던 그들의 기득권을 타격할 위험이 있었기 때문이다. 일반적으로 부조리한 세상을 변혁하기를 원하는 진보적 계급은 자기의 계급적 요구와 지향으로부터 세계에 대한 과학적 인식에 절실한 이해관계를 가진다. 과학적인 세계관이 없이는 세상을 바꾸는 실천활동에서 실패를 면치 못할 것이기 때문이다. 반면에 세상의 변화를 원하지 않는 보수적 계급은 과학의 성과들을 받아들이지 않거나 왜곡시켜 받아들임으로써 비과학적인 세계관을 갖게 될 가능성이 크다. 첨단과학의 시대인 오늘날까지도 미국의 보수세력이 창조설에 매달리면서 진화론을 탄압하고 있는 것을 대표적인 예로 들 수 있다. 프로이트는 이해관계를 직접적으로 반영하는 다양한 동기들이 사고활동에 절대적인 영향을 미친다고 강조한 학자인 만큼, 보수세력의 비과학적인 세계관이 단순히 지적인 무지에서 비롯되는 것이 아님을 너무나 잘 알고 있었다.

아무튼 프로이트는 '직관이나 예감은 소망 충동의 성취와 같은 망상으로 쉽게 분류될 수 있는 것'이라고 하면서, 정신분석학은 오직 과학적인 연구에 의해 확립된 과학적인 세계관만을 수용해야 한다고 못 박았다. 세상을 살아가려면 타협이나 절충이 꼭 필요하다고들 하지만, 진리를 탐구하는 학문의 영역에서만큼은 '비타협성'의 원칙을 지키는 것이 절대적으로 중요하다. 1+1이 2임을 잘 알고 있는 수학자가 1+1을 4라고 주장하는 수학자와 타협하기 위해 1+1의 답이 3이라고 말할 수는 없는 노릇이지 않은가. 적어도 학문의 영역에서는, 진리에 대한 타협이나 제한이란 절대로 있을 수 없다는 것이 프로이트의 단호하고도 일관된 입장이었다.

> 진실이란 관용적일 수가 없으며 타협이나 제한을 인정할 수 없고, 과학적 연구는 그 자체로서 모든 분야의 인간 활동을 그 대상으로 하고 있으며, 그 영역을 침범하려고 하는 어떤 다른 힘에 대해서도 비타협적인 비판적 태도를 견지해야 하는 것입니다.(216쪽)

과학의 목적은 현실세계의 여러 법칙들을 발견한 데 기초하여 세계에 대한 정확한 이해를 주고, 새로운 지식을 끊임없이 형성·발전시키는 데 있다. 그렇기 때문에 과학적으로 체계화되기 이전 상태에 있는 경험적 지식과 과학과의 기본차이는 과학이 인식대상의 개별적 측면이나 그의 외적인 상호 연관관계를 반영한 지식일 뿐 아니라 주로는 자연과 사회에 작용하는 법칙을 준다는 데 있는 것이다. 과학에는 다양한 방식을 통해 획득한 경험적인 지식, 전체로서의 사실들을 설명하고 경험적인 자료 속에서 법칙들을 발견하며 그것을 하나의 체계로 종합하는 이론적 지식, 해당분야의 법칙에 대한 철학적 일반화와 결론을 포괄하는 과학적 이론에 대한 철학적, 세계관적 해석이 포함된다. 이렇게 세계관은 개별과학들의 연구방향을 제시하고 그 연구방법을 제공하며 그 성과에 대한 이론적 해석에 결정적인 영향을 미치므로, 과학적인 세계관에 기초해 연구를 진행하는 것은 심리학 이론의 과학성을 담보하는 핵심요인이 되는 것이다. 프로이트는 이러한 입장에 기초해 세계관을 과학적 세계관, 종교적 세계관,

철학적 세계관의 세 가지로 구분했고, 정신분석학은 이 중에서 오직 과학적 세계관만을 받아들여야 한다고 강조했다.

과학적 세계관의 가장 큰 적: 종교적 세계관

프로이트에 의하면 과학적 세계관의 가장 큰 적은 종교적 세계관이다. 여기에서 그가 언급하는 종교적 세계관이란 '서양 사람들의 종교', 즉 기독교라는 사실을 염두에 두면서 그의 주장을 살펴보기로 하자.

프로이트는 종교가 세 가지 기능을 한다고 보았다.

첫째로 종교는 '사람의 앎의 욕구를 충족'시킨다. 종교는 창조설 등을 통해 세상의 유래와 생성에 관한 열쇠를 제공해줌으로써 앎의 욕구를 충족시켜준다. 그러나 종교가 계속 이러한 기능을 수행하려고 하면, 그것은 세상에 대한 올바른 견해를 제공하려고 하는 과학과 경쟁관계에 놓일 수밖에 없다.

둘째로 종교는 '위험에 대한 인간의 불안과 인생의 화복에 대한 불안을 잠재'워준다. 종교는 생로병사나 길흉화복, 현실적 고통에 시달리는 사람들에게 영생과 천당을 약속함으로써 '그들에게 피난처와 궁극적인 행복을 보장'해준다. 이 점에서, 즉 사람들에게 '좋은 결말을 약속하면서 불행 속에 있는 그들에게 위안을 주고 있는 한, 과학은 종교와 경쟁할 수 없'다. 왜냐하면 '과학이 사람들에게 매우 고마운 조력자인 것은 사실이지만, 많은 경우에 사람들을 그들의 고통 속에 내버려두고 사람들에게 피할 수 없는 사태에 그대로 굴복하기만을 충고할 수 있을 뿐'이기 때문이다. 간단히 말해 과학은 거짓말을 할 수 없으므로 천당이 있다고 하면서 사람들을 위로할 수가 없다는 것이다.

셋째로 종교는 '계율을 정하고 금지와 제한을 가'함으로써 사람들에게 특정한 삶의 방식을 제공해준다. 이 '세 번째 기능에서 종교는 과학에서 가장 멀리 떨어져 나가게' 되는데, 그것은 대부분의 과학이 '그저 연구하고 설명하는 것으로 만족하기 때문'이다. 반드시 지켜야할 어떤 삶의 규칙이나 방식은 한편으로는 사람들에게 제한이나 구속으로 다가올 수도 있지만, 다른 편으로는 어떻게 살아야 할지 몰라 고뇌하고 방황하는 사람들에게 '이렇게 살면 인생이 잘 될 것'이라고 담보해주는 인생살이의 지침을 줌으로써, 그들을 편안하게 만들어 줄 수 있다.

과학은 종교의 두 번째 그리고 세 번째 기능은 수행할 수 없다. 그리고 그것은 과학의 주요한 관심사도 아니다. 따라서 과학이 종교적 세계관과 충돌하는 것은 주로 첫 번째 기능에서라고 볼 수 있다. 즉 사람들의 앎의 욕구를 충족시켜주는 데서 과학은 종교와 경쟁관계 혹은 비타협적인 관계에 놓이게 되며 이 문제에서는 과학이 절대 양보할 수 없다는 것이다.

프로이트는 종교의 기원을 어린 시절의 욕구에서 찾았다. 세계는 하느님에 의해 창조되었고, 그 하느님은 언제나 '하나'이며, 창조주-신은 '아버지'로 불리는데, 이에 대해 프로이트는 다음과 같이 말했다.

> 정신분석이 내리는 결론은, 그(창조주-신을 말함: 저자 주)는 실제로 작은 어린아이에게 이전에 나타난 바 있는 어마어마하게 큰 아버지의 모습이라는 것입니다. 종교적인 사람은 세계의 창조를 자기 자신의 생성과 똑같이 상상하는 것입니다.(219쪽)

프로이트에 의하면 종교적 세계관이란 자기를 창조하고 훈육했던 아버지에 대한 영상을 세계에 고스란히 투사한 것이고, 종교가 주는 위안이란 본질적으로 부모의 심리적 대변인인 초자아가 주는 위안일 뿐이다. 즉 종교가 제공하는 사람들을 '보호하고 행복하게 해준다는 보장'이란 종교적 '계율을 지키는 것에 대한 보상'으로서, 그것은 어린 시절 아버지가 강요했던 규칙을 지켰을 때 아버지로부터 받을 수 있었던 보상과 본질적으로 같다는 것이다.

> 아이에게 생명을 선사하고 그를 인생의 위험으로부터 보호했던 동일한 아버지(부모의 심급)가 아이에게 무엇은 해도 좋은지, 또 무엇은 해서는 안 되는 것인지를 가르치고, 그의 본능적 소원에 일정한 제한을 가할 것을 지시하며, … 그가 부모나 형제자매에게 어떠한 고려를 해야 할지를 알게 해줍니다. 아이는 사랑의 보상과 처벌이라는 체계를 통해서 자신의 사회적 의무를 알도록 교육되며, 부모와 다른 사람들이 그를 사랑

하고 그들이 자신들에 대한 그의 사랑을 믿을 수 있는지 없는지에 그의 삶의 안전이 달려 있다는 가르침을 받게 됩니다. 사람들은 이 모든 상황들을 바꾸지 않은 채 그대로 종교 속으로 투사합니다. 부모의 금지와 요구들은 그의 가슴속에서 인륜적인 양심으로 계속 살아 있습니다. 보상과 처벌이라는 똑같은 체계의 도움으로 신은 인간의 세계를 다스립니다. … 신에 대한 사랑과 그에 의해 사랑을 받고 있다는 의식 속에서 안전에 대한 확신이 담보되고 … 위험에 대처할 수 있게 됩니다. … 기도 속에서 … 신의 전능함의 일정한 몫을 보장받습니다.(220~221쪽)

만일 프로이트가 주장한 대로 종교가 어린아이의 심리에서 비롯된 것이라면 성인이 되어서까지 어린 시절의 욕구를 제대로 해결하지 못한 사람일수록 종교적 세계관을 받아들이기가 더 쉬울 것이라고 예상할 수 있다. 왜냐하면 '부모의 심급(초자아를 뜻함: 저자 주) … 의 보호 아래서 아이는 편안함'을 느끼기 때문이다. 하지만 그것이 다는 아니다. 어른이 되더라도 모든 사람은 가혹한 현실과 부딪치면서 무력감을 느끼게 마련이므로, 어린아이의의 심리가 재생될 개연성이 커지고 따라서 그런 사람은 누구라도 종교적 세계관에 빠져들 수 있다.

성인이 된 뒤에 인간은 … 삶의 위험에 대한 그의 통찰은 더욱 커져서 그는 자연스럽게 자신이 근본적으로는 아직도 어린 시절의 그때처럼 무력하고 보호받지 않은 상태이며 세계에 대해서는 아직도 어린아이라는 결론을 내립니다. 그는 예전에 그가 아이로서 누려왔던 보호를

포기하고 싶지 않습니다.(220쪽)

결론적으로 정신분석학은 서구의 종교적 세계관이란 무력감에 지친 사람들이 어린 시절의 위대했던 아버지를 되찾기 위해 아버지의 영상을 종교적 세계관에 환상적으로 투사한 것에 불과하다고 본다. 어린아이에게 아버지는 세상에서 가장 힘센 사람이자 전지전능한 존재처럼 보이는데, 그런 아버지에 대한 기억과 아버지한테 보호받고자 하는 욕구야말로 종교적 믿음의 강고함을 결정하는 기본요인이라는 것이다.

그는 어린 시절에 그렇게 자신에게 대단하게 보였던 기억 속의 아버지 상(像)을 붙잡고는 그것을 신의 존재로 높이고 현재와 현실 속으로 가져옵니다. 이러한 기억 심상의 정서적 강도와 보호 욕구의 지속은 서로 함께 신에 대한 그의 믿음을 지탱시켜 주는 두 개의 지주입니다.(220쪽)

프로이트는 어떠한 반론도 종교적 세계관이 '어린 시절의 상황에 의해 결정된다는 우리의 논제를 뒤흔들어 놓지는' 못할 것이라고 단호하게 선언했다. 서구의 기독교가 어린 시절의 아버지 관계와 욕구를 투사하기에 더할 나위 없이 좋은 세계관이라는 것만큼은 분명하다. 실제로 한국의 기독교 신자들 중에서도 자신의 아버지 관계를 재현하거나 아버지에게서 결핍된 것을 하느님으로부터 찾으려는 동기에서 신앙생활을 하는 이들을 어렵지 않게 발견할 수 있다. 그러나 그렇다고 해서 종교를 성인이 되어서까지 극복하지 못한 어린아이의 심리 하나만으로 설명하는 것은 잘못이다. 프로이트는 종교가 가진 커다란 영향력과 생명력이 본질적으로 건강하지 못한 개인들의 유아적 심리에서 기인한다고 보는데, 인류사를 놓고 볼 때 대중의 병적인 심리에 기반하는 사상이나 이론은 일시적으로는 흥행에 성공할 수 있지만 종교처럼 장수하는 예를 찾아볼 수 없기 때문이다. 이것은 종교에는 사람의 병적인 심리만이 아니라 건강한 심리를 충족시켜주는 무엇인가가 있을 것이라는 추정을 가능하게 해준다. 예를 들면 인류에게 커다란 영향을 미친 종교들은 하나같이 인류의 이상사회에 대한 지향을 반영하고 있다. 서구의 기독교가 말하는 천당은 젖과 꿀이 흐르는, 즉 물질적으로 풍요로운 세상일 뿐만 아니라 사람들 사이에 그 어떤 압박이나 착취도 없는 평등하고 공정한 세상이며 나아가 마음씨가 착한 사람들만 살고 있어서 그들 사이에 어떠한 다툼이나 미움이 없는 화목한 세상이기도 하다. 그런데 이러한 천당에 대한 영상은 개인들의 아버지 관계가 아니라 지배와 착취가 없는 이상사회에 대한 인류의 사회적 요구를 반영하고 있다고 할 수 있다. 어린 시절 아버지가 지배하던 가정은 천당이 아닐뿐더러 천당을 굳이 필요로 하지도 않기 때문이다. 또한 악행을 처벌하거나 심판하며 선행을 보상해주는 인과응보의 원리 역시 개인들의 아버지 관계만이 아니라 정의로운 세상에 대한 인류의 염원과 잇닿아 있다. 이렇게 인류의 건강하고 합당한 사회적 소망을 나름대로 대변하고 있기 때문에, 종교적 세계관은 그 비과학적인 내용에도 불구하고 끈질긴 생명력을 과시하고 있는 것이다. 따라서 프로이트는 정신적으로 건강하지 못한 사람들을 끌어들이고 그들의 증상을 악화시키는 종교의 부정적인 측면만을 지나치게 부각해, 그것만으로 종교를 설명했다는 비판에서 자유로울 수 없다.

종교는 사람들의 중요한 사회적 동기들을 충족시켜주는 순기능을 하지만, 그것이 비과학적 세계관이라는 사실만큼은 바꿀 수가 없다. 간단히 말하면 종교적 세계관은 신이 존재한다는 데로부터 출발하며, 사람이 포함된 세계는 신에 의하여 창조되고 지배된다는 견해와 관점이다. 이러한 세계에 대한 종교적 견해는 현실세계에 대한 환상적 이해이고 어떠한 이론적 논증도 없어서 사람들에게 어떠한 의심이나 사색도 없이 무턱대고 믿을 것을 요구한다.

프로이트가 종교적 세계관을 과학적 세계관의 '유일하게 가장 심각한 적'으로 낙인찍은 것은 그것이 가지는 비과학성도 비과학성이지만, 종교가 일반인들에게 직접적이고 현실적인 악영향을 미치고 있다는 사정과도 관련이 있다. 프로이트에 의하면 예술은 일부 예술가들과 그것을 즐기는 사람들에게만 영향을 미칠 뿐이지 '현실의 영역으로 침범해 들어오려고 하지' 않는다. 철학 역시 마찬가지다. 철학은 극소수 식자층의 전유물이어서 일반인들에게는 별다른 영향을 주지 못한다.

철학은 인류의 대다수에게 직접적인 영향을 주지는 않습니다. 그것은 지식 계급의 얇은 상층부에 있는 매우 적은 수의 사람들의 관심사일 뿐이며, 다른 모든 사람들에게는 거의 이해할 수 없는 것입니다. 그와 반대로 종교는 엄청나게 큰 힘이며 인간의 가장 강한 정서들을 손 안에 쥐고 있습니다. (217쪽)

물론 특정한 철학이나 예술이 해당 사회를 지배하는 사회집단의 주류 이데올로기가 되면 그것은 일반인들에게도 커다란 영향을 미칠 수 있으며, 매스미디어가 크게 발달한 현재 시점에서는 더욱 그러하다. 그러나 적어도 프로이트가 살고 있었던 시대에는, 철학이나 예술은 그들만의 잔치를 넘어설 수 없었던 반면 종교는 모든 사회구성원들에게 절대적인 영향을 미쳤기 때문에 그가 종교를 그리도 질타했던 것이다. 이는 서구의 기독교를 민중의 건강한 의식을 마비시키는 아편으로 보았던 마르크스의 입장과 본질적으로 동일하다고 할 수 있다.

프로이트는 긴 세월 동안 서구인들의 정신을 지배해온 종교가 그들이 과학적 세계관을 가질 수 없도록 방해하며, 유아기의 심리에서 벗어나지 못하도록 만드는 현상을 크게 우려했던 것 같다. 철저한 과학의 신봉자였던 그의 종교비판이 어떤 면에서는 마르크스보다 훨씬 강력하고 가혹했던 까닭이 바로 여기에 있다.

종교 비판 종결자, 프로이트

과학은 점차 서구사회를 지배했던 종교에 도전하기 시작했다. 특히 자연과학의 빛나는 발전은 세계에 대한 종교적 설명을 불신의 눈으로 바라보게 만들었다. 게다가 냉혹한 사회현실은 '사람이 어떤 윤리적 과제들을 제대로 수행하기만 하면 그에게 보호와 행복을 약속해준다는 종교의 주장들도 믿을 수 없'는 것으로 만들기에 충분했다. 그러니 자신이 살고 있었던 서구사회를 다음과 같이 매우 비판적으로 보고 있었던 프로이트로서는, 종교의 약속이 허황된 것이라고 굳게 믿었음직하다.

사람의 운명은 세계의 선함이나 세상의 공평함이라는 원리와 일치되지 않는 듯이 보였습니다. … 미덕이 보상을 받고 악은 처벌된다는 규칙이 통하지 않는 것처럼 보이고 너무나 자주 무법자, 교활한 자, 무자비한 자들이 부러움의 대상이 되는 세상의 재물을 차지하고 반대로 경건한 사람들은 빈손으로 떠나게 되는 일이 일어나곤 했던 것입니다. 모호하고 냉정하며 무자비한 힘들이 인간의 운명을 지배하고 있는 것입니다. … 여기에서 … 세계를 정신이 존재하는 장소로 보는 특정한 세계관이 사라지는 계기가 마련되는 것입니다.(225쪽)

프로이트에 의하면 '종교적인 세계관에 대한 비판에 마지막으로 공헌한 것은 정신분석'이다. '정신분석은 종교의 원천을 유아적인 무력감에서 찾아냈고, 그 내용은 성숙된 뒤의 삶 속으로까지 계속되는 어린 시절의 소원과 욕구에서 연유한다는 것을 밝혀'냄으로써 종교의 정체를 낱낱이 폭로했다. 그의 말에서 알 수 있듯이, 성인기의 삶 속으로까지 계속되는 어린 시절의 소원과 욕구는 프로이트 이론에서 매우 중요한 자리를 차지하고 있다. 어린 시절의 소원과 욕구는 무엇보다 사람들에게 강한 무의식적 동기로 작용함으로써 그들의 삶에 지속적으로 영향을 미치며, 그것이 건강하지 않을 경우에는 신경증을 비롯한 정신장애의 원인이 될 수 있다. 프로이트가 종교를 '신경증의 대응물 같은 것으로서, 문화화의 과정에 있는 어떤 개인이 유년 시절로부터 성숙으로 가는 길 위에서 거쳐 지나가는 어떤 과정처럼 보인다'고 말했던 것은 그래서이다. 즉, 신경증이란 기본적으로 해결되지 못한 유아기 욕구에서 비롯되는 것이므로 종교 역시 일종의 집단 신경증이며, 유아기 욕구를 극복해야 어른이 되듯이 유아기의 대변자인 종교는 어른을 대변하는 과학에게 자리를 내주어야 마땅하다는 게 그의 핵심주장인 것이다. 사실 어떻게 보면 정신분석학이란 성인의 무의식에 자리를 잡고 있는 어린 시절의 동기를 다루는 학문이라고도 할 수 있는데, 아무튼 '어린 시절의 동기'를 기준으로 말하면 종교는 어린 시절의 동기(욕구 혹은 소원)를 현실에서 실현해보려는 헛된 시도이다.

> 종교란 … 현실적인 세계를 … 소원의 세계를 매개로 제어하고자 하는 시도라고 볼 수 있습니다.(226쪽)

그러나 종교는 비과학적 세계관이므로 현실세계를 올바로 설명할 수 없으며, 그것을 가지고는 어린 시절의 동기를 실현할 수도 없다. 따라서 종교적 세계관에 근거해 어린 시절의 동기를 실현하려고 하면 어쩔 수 없이 환상의 세계로 도피를 해야만 하는데, 종교가 바로 그런 현실도피를 조장한다.

종교의 위안은 신뢰받을 만한 것이 아닙니다. 경험이 우리에게 가르쳐 주고 있는 것은 세상이란 어린아이들의 놀이방이 아니라는 것입니다.(226쪽)

프로이트는 종교적 신봉자들로부터 나올 수 있는 비판을 일일이 반박하면서 '종교적 세계관과 과학적 정신과의 싸움은 아직 끝나지 않았'다고 선포했고, 정신분석이 그 싸움에서 기꺼이 최전선에 설 것임을 천명했다. 그는 종교가 사고를 제약하는 것을 특히 위험하다고 지목했는데, '제약은 전파성'이 있어서 '무거운 심리적 제약의 한 원인'이 된다고 믿었기 때문이다. 억압이 왕왕 정신병의 원인이 되듯이, 사고에 대한 억압은 크건 작건 간에 정신을 병들게 만드는 법이다. 예컨대 한국의 국가보안법처럼 자유로운 사고활동에 금지와 억압을 강요하면, 그 악영향이 단지 금지된 것에만 국한되지 않고 자유로운 사고활동 전체를 방해함으로써 지적 능력, 과학적 사고능력을 전반적으로 저하시킨다는 것이다. 사고의 금지가 정신을 피폐하게 만든다는 신념에 기초해, 사고활동에 대한 그 어떤 금지나 제약도 반대했다는 점에서 프로이트는 사상과 표현의 자유를 강력하게 옹호했던 급진적인 사상가였다고 할 수 있다. 그로서는 자유로운 사고활동, 특히 과학적 연구에 대한 종교의 탄압이나 간섭, 금지를 절대로 용납할 수 없었던 것이다.

프로이트, 이성의 독재를 꿈꾸다

과학이 추구하는 목적은 무엇일까? 학문적 작업의 목표는 무엇일까? 이 질문에 대한 가장 간명하고 타당한 답은 '진리 탐구'라고 할 수 있다. 프로이트는 진리의 기준을 '현실 혹은 외부세계와의 일치' 여부에서 찾았다.

> 현실과의 일치에 도달하는 것 … 외부에 존재하는 것과 우리와는 독립적인 것 … 과의 일치에 도달하는 것 … 실재하는 외부세계와의 이러한 일치를 우리는 진리라고 부릅니다.(230쪽)

사람의 '외부에 존재'하는 것, 주관으로부터 '독립적인 것'은 '객관'을 의미한다. 그러므로 프로이트는 '실재하는 외부세계', 즉 객관세계와 일치하는 학문을 진리라고 명명했던 것이다. 진리란 '객관적 현실을 정확히 반영한 이론, 사상'을 의미하므로 그의 개념규정은 기본적으로 정확하다고 할 수 있다. 예를 들면 태양이 지구 주위를 돈다는 천동설은 객관세계를 잘못 반영한 것으로 허위이지만 지구가 태양의 주위를 돈다는 지동설은 객관세계를 올바로 반영한 것이므로 진리인 것이다. 진리는 당연히 객관적이어서 흔히 객관적 진리라고 표현하기도 하는데, 진리가 객관적이라는 것은 객관적 현실을 정확히 반영한 지식은 사람들의 주관적 의사나 욕망에 관계없이 객관적 내용을 가지고 있다는 것을 의미한다.

프로이트에게 과학이나 진리는 곧 지성이나 이성을 의미했다. 그는 비록 성욕을 비롯한 생물학적 본능이 더 우세하다고 보았지만 이성을 '사람들을 가장 먼저 통일시켜 주는 영향력을 가질 수 있을 것으로 기대되는 그런 힘들 중의 하나'라고 지칭하면서, 본능과 이성 간의 지난한 싸움에서 언젠가는 이성이 최종적으로 승리했으면 하는 기대를 표명했다. 한마디로 그에게 유토피아란 이성이 본능을 지배하는 세상, 이성이 본능을 완전히 제압해 더 이상 동물적 본능으로 인한 고통을 받지 않아도 되는 그런 세상이었던 것이다.

이성 … 지성이 시간이 흐름에 따라 인간의 정신생활 속에서 독재자의 위치를 차지하게 되리라는 것이 우리의 가장 멋진 미래의 꿈입니다.(230쪽)

종교적 세계관은 과학과 이성을 찬미하는 프로이트를 다음과 같이 공격할지도 모른다.

그것이 우리에게 연관성 있는 하나의 세계상을 그려 보일 수 있습니까? … 그것은 우리에게 소위 말하는 인식의 파편들을 주었습니다. 그것은 인식의 파편들을 서로 일치할 수 있게 조합하지 못합니다. … 오늘날 사람들이 가장 높은 진리라고 찬미하는 것이 내일이 되면 부정되고 또다시 시험적으로 다른 것으로 대체되곤 합니다. 그러고 나서 가장 마

지막의 오류가 진리라고 불려집니다.(233쪽)

이는 간단히 말해 과학은 그 자체가 세계관을 주지는 못하는 한계를 가지며, 진리는 항상 상대적이어서 그것을 믿을 수가 없다는 주장이다. 프로이트는 이런 공격에 대해 '과학은 아직 젊고 아주 뒤늦게 발전된 인간의 활동'이고 계속 빠른 속도로 발전하고 있으므로 '과학의 미래를 신뢰감을 갖고 바라볼 수 있'다고 반박했다. 또한 '적어도 보다 오래되고 성숙한 과학에서는 이미 견고한 기본 토대가 있습니다. 그것은 조금 수정되고 정교하게 다듬어질 뿐 더 이상 파괴되지는 않습니다'라고 말하면서, 상대적 진리 안에는 더 이상 파괴되지 않는 절대적 진리가 포함되어 있다고 강조했다. 원래 진리라는 것은 절대적인 동시에 상대적이다. 진리가 절대성을 갖는 것은 그것이 언제나 객관세계를 정확히 반영하고 객관적으로 실재하며 인간의 인식능력이 무한히 발전하기 때문이다. 반면에 진리가 상대성을 갖는 것은 인식의 대상이 고정불변한 것이 아니라 끊임없이 변화발전하며 인간의 인식능력이 무한하면서도 특정한 역사적 세대의 인식능력이 상대적으로 제한되어 있기 때문이다. 따라서 진리가 상대적인 성격을 갖는다고 해서 그것을 진리가 아니라고 말할 수 없다.

프로이트는 과학은 '개량의 가능성에 제한이 없'으므로 개방적이지만 종교적 세계관은 이미 '완결된 것'이라 폐쇄적일 수밖에 없기 때문에, 과학은 '우리에게 필수불가결한 것이며 다른 어떤 것으로도 대체될 수 없'다고 말했다.

종교는 환상이며, 그 힘은 그것이 우리의 본능적 욕구와 맞아 떨어진다는 사실로부터 나오는 것입니다.(236쪽)

프로이트는 종교가 기본적으로 어린 시절의 욕구를 이용함으로써 연명할 뿐이므로 미래는 그 발전가능성이 무궁무진한 과학의 편이라고 믿었다. 종교적 세계관은 과학적 세계관, 나아가 정신분석학과의 싸움에서 결코 승리할 수 없다고 확신했던 것이다.

과학적 세계관의 적: 철학적 세계관

프로이트에 의하면 비록 종교만큼은 아니지만 철학적 세계관 역시 과학적 세계관의 적이다. 프로이트는 '철학은 과학에 반대하지 않습니다. 그것은 스스로도 과학인 것처럼 행세하면서 부분적으로는 같은 방법으로 작업을 하기도 합니다'라고 말하면서, 철학이 종교와는 달리 과학과 긍정적인 상호작용을 할 수 있음을 인정했다. 하지만 철학은 '완벽하고 긴밀한 세계상을 사람들에게 제공할 수 있다는 환상에 사로잡힘으로써 과학으로부터 멀어'지는데, 그가 철학을 과학의 적으로 생각했던 것은 주로 그것이 방법론적으로 '논리적 조작의 인식가치를 과대평가하면서, 또 한편으로는 직관과 같은 다른 인식의 근원을 인정함으로써 오류에 빠질 수밖에 없'(217쪽)기 때문이다. 그러므로 철학에 대한 프로이트의 비판은 크게 두 가지로 요약할 수 있다. 그것은 첫째로 과학적 세계관이 아닌 철학이 분수에 맞지 않게 완벽한 세계상을 제공하려고 시도한다는 데 있다. 프로이트는 철학적 세계관을 과학적 세계관과는 다른 것으로 분리해 다루고 있으므로 이러한 비판은 당연한 귀결이라 하겠다. 그것은 둘째로 철학이 경험적이고 체계적인 연구방법이 아닌 직관 같은 비과학적인 연구방법을 인정하고 있어서이다. 프로이트는 일부 심리학자들의 편견과는 달리 과학적 연구방법을 매우 중시했던 철저한 경험주의자였다. 따라서 그로서는 관찰방법이나 실험방법이 아닌 사변적인 논리 혹은 직관이나 예감과 같은 비경험적인 인식방법을 인정하는 그 당시의 철학을 용납할 수 없었다.

프로이트가 우선적으로 문제 삼았던 철학적 세계관은 지적인 허무주의자들이 신봉했던 '무정부주의적인 철학'이다.

> 이러한 세계관들 중의 하나는 말하자면 정치적 무정부주의와 상응되는 것입니다. … 무정부주의적 견해에 의하면 진리도 없고 세계에 대한 어떤 확고한 인식도 없다는 것입니다.(237쪽)

무정부주의(無政府主義, anarchism)란 모든 제도화된 정치조직·권력·사회적 권위를 부정하는 사상 및 운동을 말한다. 무정부주의는 개인의 자유를 최상의 가치로 내세우면서 그것을 억압하는 국가, 법, 감옥, 사제(司祭), 사유재산 등을 부정한다. 따라서 무정부주의는 대소유만이 아니라 사회적 소유도 반대하며, 봉건적 국가만이 아니라 민주주의적 국가를 포함한 온갖 형태의 국가를 반대한다. 그러나 현실에서는 결코 가능하지 않은 국가 없는 세상의 건설이라는 목적을 추구함으로써 무정부주의는 대중의 사회변혁운동에 커다란 악영향을 미친다. 나아가 일체의 조직이나 규율 등을 거부하는 무정부주의는 단결을 방해함으로써 대중을 바람만 불면 흩어지는 모래알 같은 무력한 존재로 만들어버린다.

　프로이트는 무정부주의의 이러한 해악 나아가 무정부주의적 세계관이 가지고 있는 문제점을 정확히 파악하고 있었던 것 같다. 그렇기 때문에 '과학적 진리'란 '환상에 불과하'며 사람은 자신이 '필요로 하는 것만을 발견하게 되고 … 보고 싶은 것만을 본다'고 주장하는 철학적 상대주의를 정치적 무정부주의와 본질적으로 같다고 올바로 지적할 수 있었을 것이다. 상대주의는 과학을 반대하고 몽매주의를 고취하는 주관관념론 철학의 가장 큰 특징이다. 주관관념론 철학의 제창자들은 지식의 객관성을 부인하면서 개념, 판단, 지식 등을 전적으로 상대적인 것으로, 주관적 체험을 반영한 자의적인 산물로 간주하고 있다. '유익한 것은 진리이다'라고 하면서 진리를 주관적 자아의 산물로 전환시키는 실용주의나 모든 객관적 현실을 개별적 인간의 주관적 체험과 '해석'의 산물로 간주하는 해석학적 철학도 철학적 상대주의에 기초하고 있다. 사람의 인식능력에 이런저런 하자가 있다거나 사람은 감각기관과 뇌에 불완전하게 반영되는 세계만을 인식하므로 객관세계 혹은 진리를 올바로 인식할 수 없다고 줄기차게 주장하는 일부 현대심리학 역시 이러한 상대주의의 충실한 후계자라고 할 수 있다.

철학적 상대주의는 사람이 세계를 인식할 수 없다고 주장하는 관념론적 견해인 불가지론에 잇닿아 있다. 고대에서부터 존재했던 이 불가지론은 18세기에 이르러 흄과 칸트에 의하여 더욱 전개되고 체계화되었다. 예를 들면 칸트는 사람의 의식 밖에 존재하는 '사물 그 자체'는 인정했으나 사람의 인식능력이 제한되어 있기 때문에 그것을 인식할 수 없다고 주장했다.

프로이트는 철학적 상대주의나 불가지론을 강력하게 반대했다. 그는 '오직 그것이 추상적인 것들에 대한 견해에 관련되는 한 이 무정부주의적 이론은 꽤 우위에 있는 듯이 보인다'고 하면서, 철학적 상대주의가 '지적인 허무주의'를 대변하는 고도의 말장난에 불과하다고 정당하게 지적했다. 철학적 상대주의는 사변적인 영역에서는 그나마 그럴싸한 주장을 할 수 있겠지만, 그것이 현실과 실천에 적용되는 순간 거짓임이 만천하에 폭로되기 마련이다.

그것은 실제적인 삶에 발을 들여놓는 그 순간, 바로 거기에서부터 실패하고 맙니다.(238쪽)

프로이트는 만일 상대주의 혹은 불가지론의 주장처럼 '현실과의 일치성으로 인해 구분되는 지식과 같은 것들이 존재하지 않는다면' 다시 말해 사람이 객관세계를 올바로 인식할 수 없다면, '돌로 다리를 만들 수 있는 것처럼 딱딱한 마분지로도 다리를 만들 수 있을 것'이고 '에틸알코올 대신에 최루가스를 마셔 때 사용해도 될 것'(238쪽)

이라고 말하기도 했다. 돌로 다리를 만들 수 있다는 지식을 참이라고 할 수 없다면 마분지로 다리를 만들어도 되고, 에틸알코올을 마취에 이용할 수 있다는 지식이 의심스럽다면 최루가스를 사용하더라도 별 상관이 없기 때문이다. 결국 프로이트는, 당신들은 어차피 어떤 것도 진리가 아니라고 투정을 부리며 인류가 애써 인식한 성과물들을 하나같이 믿을 수 없다고 우겨대니, 그냥 그런 식으로 막 살아봄이 어떠하냐고 상대주의자들을 한껏 조롱한 것이다.

프로이트는 과학이 인류를 객관세계와 인간정신을 점점 더 많이 이해하는 쪽으로 이끌어줄 것이라 낙관했다. 인생을 그리도 비관적으로 보았던 그였지만, 최소한 인식론이나 학문적 영역에서는 대단히 진취적이고 낙관적인 그리고 올바른 견해를 가지고 있었던 것이다.

마르크스주의(Marxismus) 세계관

프로이트는 철학적 세계관을 다루면서 그 당시에 상당한 위력을 떨치고 있었던 마르크스주의에 대한 평가를 시도했다. 그가 활동하던 시기에 마르크스주의가 서구의 지식인들 사이에서 대단한 인기를 끌었음은 다음 말을 통해서도 쉽게 짐작할 수 있다.

카를 마르크스(Karl Marx)의 사회경제적 구조에 관한 연구와, 인간생활의 모든 영역에 미치는 여러 가지 경제형태의 영향에 관한 연구는 우리 시대에서 반박할 수 없는 권위를 가지고 있습니다.(238쪽)

'자연의 힘을 제어할 수 있는 능력의 발달'로 인해 '인간들 사이의 사회적 관계는 현격하게 달라지기 시작'했다는 말을 통해서 알 수 있듯이, 프로이트는 생산력이 발전하면 그에 따라 생산관계가 변화하게 된다는 마르크스주의의 역사적 유물론의 기본원리를 인정했다. 역사적 유물론은 마르크스와 엥겔스가 창시한 사회역사를 유물론적으로 고찰하고 해석하는 철학사상으로, 유물사관이라고도 한다. 역사적 유물론은 사회를 사회적 존재와 사회적 의식으로 구분하고 사회역사를 유물변증법적으로 고찰한다.

사회적 존재는 사회적 의식을 규정하며 사회적 의식은 사회적 존재의 반영이다. 그러므로 자본주의사회에서 자본가계급은 자본가계급의 이익을, 노동자계급은 노동자계급의 이익을 대변하는 계급의식을 갖게 된다. 사회의 물질적 생산, 경제가 정치적, 법률적 견해, 관념 등을 발생시키는 기초를 이루며 정치적, 법률적 견해, 과학, 예술, 종교, 철학과 같은 사회적 의식은 사회적 존재가 변화되는 데 따라 변화된다. 즉, 노예제사회에서는 노예제를 뒷받침하는 이데올로기가 만들어지고 봉건제사회에서는 봉건제를 옹호하는 이데올로기가 만들어지는 식으로 지배적인 경제형태가 해당 사회의 사회적 의식들을 규정한다.

이 역사적 유물론에서 중요한 내용을 이루는 것은 생산력과 생산관계, 토대와 상부구조의 변증법이다. 사람들은 사회적 생산과정에서 생산력의 일정한 발전단계에 상응하는 생산관계에 들어선다. 이 생산력과 생산관계의 총체는 사회의 경제적 구조, 현실적 토대를 이룬다. 생산력과 생산관계는 밀접히 통일되어 생산양식을 이루며 생산양식은 상부구조에 속하는 사회정치적, 정신적 생활과정 일반을 제약한다. 이를 간단하게 도식화하면 다음과 같다.

	사회구성체	노예제 사회	봉건제 사회	자본제 사회
상부구조	정치적·법률적 견해, 과학, 예술, 종교, 철학 같은 사회적 의식	노예제에 상응하는 사회적 의식	봉건제에 상응하는 사회적 의식 (예: 왕권신수설)	자본주의에 상응하는 사회적 의식(예: 자유민주주의 이념)
토대	생산관계	노예-노예주	농민-지주	노동자-자본가
	생산력	노예노동	농업	공업

　사회의 생산력이 발전하여 일정한 단계에 이르면 생산관계와 모순되게 된다. 예컨대 봉건제사회 내에서 기계공업을 중심으로 하는 생산력이 발생발전하면 농민-지주 관계를 주축으로 해서 구성된 봉건적 생산관계와 갈등을 일으키게 된다. 그러면 낙후된 생산관계는 생산력을 발전시키는 형식으로부터 그 질곡으로 전화되어 사회혁명의 시기가 도래하고, 그 결과 경제적 기초의 변화와 함께 상부구조 전체에서의 서서한 또는 급격한 변화가 일어난다. 서구유럽의 경우 봉건제 내에서 새롭게 등장한 신흥 자본가계급과 농민계급이 힘을 합쳐 봉건제를 뒤엎는 시민혁명(부르주아민주주의혁명)을 일으켜 자

본가계급이 정권을 장악하고 나서 경제분야만이 아니라 사회의 상부구조까지 자본주의적으로 빠르게 변했던 것을 예로 들 수 있다.

역사적 유물론은 사회도 자연과 같이 물질세계에 속하며 물질세계 발전의 일반적 합법칙성에 따라 변화발전한다는 것을 밝혔다. 그렇기 때문에 역사적 유물론은 사회역사를 '하느님'이나 '정신'의 산물로 보는 종교와 관념론적 역사관, 사회의 발전을 부인하는 형이상학적 역사관 등에 대한 강력한 타격이 되었다. 종교와 관념론을 몹시도 싫어했던 프로이트였으니, 역사적 유물론이 내심 반갑지 않을 리 없었을 것이다. 적의 적은 친구라고도 하지 않던가. 프로이트가 역사적 유물론에 상당한 호감을 가지고 있었음은 마르크스주의의 가장 큰 강점으로 '사회적 존재가 사회적 의식을 규정한다'는 역사적 유물론의 첫 번째 명제를 꼽은 것만 보더라도 잘 알 수 있다.

> 마르크스주의의 강점은 … 인간의 경제적인 관계가 그들의 지적이고 윤리적이고 예술적인 견해에 미치는 결정적인 영향에 대한 예리한 통찰에 있다고 하겠습니다. 이제까지 거의 완전히 무시된 채로 있었던 일련의 상관관계와 의존성이 그와 더불어 발견되었습니다.(241쪽)

특정한 개인이나 사회집단이 처한 사회경제적 처지가 각각 개인 심리와 집단심리를 규정한다는 역사적 유물론의 원리는 과학적 진리이므로 인간심리에 커다란 관심이 있었던 프로이트에게 깊은 영감을 주었을 것이다. 그러나 프로이트는 마르크스주의에 전적으로 찬동할 수가 없었는데, 그 가장 큰 원인은 마르크스가 인간의 본성을 과소평가하고 있다는 데 있었다.

　사회적 관계 속에서 인간의 행동을 규정하는 것이 오직 경제적인 동기 하나뿐이라는 가정은 받아들이기 어려운 것입니다. 다양한 사람들이나 인종들, 그리고 민족들이 비슷한 경제적 조건 하에서도 서로 다르게 행동한다는 의심할 수 없는 사실은 경제적 요인의 배타적인 지배관계를 부정하고 있습니다. 살아 있는 인간 존재의 반응이 문제되는 부분에서 어떻게 심리적인 요인들을 무시할 수 있는 것인지 이해되지 않습니다. 그러한 심리적인 요소는 이미 경제적인 관계들의 생성에 관여하고 있을 뿐만 아니라 경제적 요소가 지배하고 있는 그 상황에서조차 인간들은 그들의 본래적인 본능 충동, 즉 자신의 자기 보존본능, 공격성향, 사랑에 대한 욕구, 쾌락을 얻고자 하는 충동, 불쾌한 것을 피하고 싶어 하는 본능 등을 억제할 수 없기 때문입니다.(241쪽)

역사적 유물론에 대한 프로이트의 비판을 요약하면 다음과 같이 두 가지로 정리할 수 있다. 첫째, 인간의 심리와 행동은 경제적인 동기 하나만으로 이해할 수 없다. 엇비슷한 경제적 환경 속에서 살아가는 개인이나 사회집단이 서로 다른 심리에 기초해 서로 다른 행동을 하는 것이 이를 증명한다. 서구유럽에서는 비슷한 경제적 발전단계에 도달하더라도 어떤 나라에서는 혁명이 발발했지만 또 다른 나라들에서는 그렇지가 않았는데, 프로이트는 바로 이 점을 문제 삼고 있는 것이다. 둘째, 마르크스는 심리적인 요인, 특히 사람의 본능을 지나치게 무시하고 있다. 프로이트는 집단심리가 경제적 환경에 의해 일방적으로 규정되는 게 아니라 경제적 환경에 이런저런 영향을 미치고 있다고 지적했다. 그는 '경제적 필요성에 굴복할 수밖에 없는 인간 대중들에게 문화발전의 과정도 영향을 미친다'고 하면서, 상부구조가 상대적 독립성을 가지고 있다고 주장했다. 부모와 사회를 대변하는 초자아는 경제적 환경이 바뀐다고 해서 즉각 바뀌는 게 아니라 '새로운 경제적 상황으로부터 오는 자극들에 일정 기간 동안 저항하는' 성질을 가지기 때문이다. 그런데 마르크스는 사회적 의식, 정치적 상부구조의 토대에 대한 반작용을 인정하고 있으므로 이런 지적은 오해라고 할 수 있다. 하지만 여기에서 프로이트가 진정으로 강조하고자 했던 초점은 상부구조가 토대에 반작용한다는 사실이 아니라 경제적 환경에 미치는 본능의 영향을 상부구조의 반작용 정도로 가볍게 치부해서는 안 된다는 데 있다고 할 수 있다. 프로이트는 경제적 요인들의 힘보다는 본능의 힘이 더 크다고 믿었다. 좀 과감하게 말하자면, 마르크스는 인류역사를 계급투쟁의 역사로 본 반면 프로이트는 본능과 문화 사이의 투쟁의 역사로 이해했다고 할 수 있다는 것이다. 비록 마르크스주의와 같은 체계적인 설명까지는 제공하지 못했으나, 프로이트는 본능과 문화가 갈등하는 과정에서 사회역사가 발전한다는 견해를 암묵적으로 신봉했던 것 같다.

아무튼 프로이트는 사회경제적 조건이 인간심리에 지대한 영향을 미친다는 마르크스주의의 명제를 인정하면서도 사회경제적 조건으로부터 상대적으로 독립적인, 그래서 사회경제적 조건에 저항하거나 그것을 변화시키기도 하는 인간심리가 존재한다고 강조했다. 그는 그런 인간심리의 예로 자기보존 욕구, 공격 욕구, 사랑의 욕구, 쾌락추구 욕구, 불쾌한 것을 회피하려는 욕구 등을 들었다. 프로이트가 열거한 여러 욕구 혹은 본능들은 모두 생물학적 동기 —프로이트가 언급한 사랑의 욕구는 성욕으로 간주할 수 있으므로— 에 속하는데, 그런 생물학적 동기들은 사회경제적 조건이 바뀌더라도 거의 사라지지 않는다. 하지만 경제적 동기와는 달리 생물학적 동기가 사회역사에 미치는 영향력은 무시해도 좋을 만큼 미미한 것 역시 사실이다. 프로이트가 마르크스의 주장을 명쾌하게 반박하지 못한 것은 바로 이것과 관련이 있다. 즉, 프로이트는 사람의 기본동기를 성욕 같은 생물학적 동기로 보았기 때문에 역사적 유물론에 문제가 있다는 걸 알면서도 그것을 정확하게 비판할 수가 없었던 것이다.

프로이트는 인간심리에서 '경제적인 동기'가 매우 중요한 자리를 차지한다는 마르크스의 주장에 별다른 이의를 제기하지 않았다. 그럼에도 불구하고 그의 이론에는 경제적인 혹은 사회적인 동기가 들어설 만한 자리가 없다. 경제적 동기의 중요성을 인정하면서도 그것을 자기의 이론체계에 조금도 반영하지 못한 것은 프로이트에게 가장 뼈아픈 대목이라 아니할 수 없다.

만일 프로이트가 사람에게 가장 중요한 두 가지 동기를 성 본능과 공격 본능이라고 주장하는 대신, 마르크스의 주장을 수용해 '성 본능'과 '경제적인 동기'라고 주장했다면 어땠을까? 만일 그랬다면 정신분석학은 지금보다는 훨씬 더 나은 학문이 되었을 것이다. 하지만 프로이트는 그런 작업을 수행할 수가 없었다. 왜냐하면 그의 정신분석학 이론은 이미 경제적 동기를 포함하는 사회적 동기가 들어설 자리를 허락할 수 없을 정도로, 생물학적 동기이론에 기초해 빈틈없이 체계화되어 있었기 때문이다. 다시 말해 생물학적 동기를 주춧돌로 삼아 견고하게 건축된 빌딩이라고 할 수 있는 정신분석학이 사회적 동기를 받아들이려면 주춧돌부터 바꿔야 했는데, 그러려면 빌딩 전체를 다 허물어야 했기에 도저히 손을 댈 수가 없었던 것이다. 결국 마르크스주의를 꼭꼭 씹어서 삼키기는 했으나 제대로 소화할 수가 없었던 프로이트는, 암묵적으로 자기의 한계를 인정하면서 '진정한 사회과학'의 완성을 후세 학자들의 몫으로 돌렸다.

> 인간의 일반적인 본능적 기질, 그들의 종족적인 변화양태, 또 문화적인 차이들이 다양한 사회조직과 직업활동, 그리고 소득 가능성들이라는 조건 하에서 어떻게 다르게 나타나는가, 어떻게 서로를 억제시키고 촉진시키는가를 자세하게 증명해보일 수 있다면, 정말로 누군가가 그것을 할 수만 있다면 그것은 마르크스주의의 단순한 보완에 그치지 않고 진정한 사회과학으로의 발전을 완수한 것이나 다름없습니다.(242쪽)

여기에서 인간의 일반적인 본능적 기질이란 인간에게 가장 중요한 기본동기, 그들의 종족적인 변화양태란 사회집단의 차이에 따른 기본동기의 변화양태, 그리고 문화적인 차이란 사회역사적 조건의 차이를 의미한다고 할 수 있다. 그러므로 프로이트는 진정한 사회과학이 탄생하려면 무엇보다 ① 사람의 기본동기, ② 각이한 사회집단들의 기본동기, ③ 사회역사적 조건의 차이(문화적 차이)부터 규명해야 하며, 그리고 나서 그것들이 다양한 사회경제적 조건들과 어떤 식으로 관계를 맺고 있는지를 연구해야 한다고 생각했음을 알 수 있다.

한마디로 마르크스주의의 단순한 보완이 아닌 진정한 사회과학은
다음과 같은 도식의 요구를 충족시키면 탄생할 수 있다는 것이다.

진정한 사회과학 = 사람(개인과 집단의 기본동기, 사회역사적 조건에 따
른 집단심리) + 사람(집단)과 사회의 관계(인간심리와 사회경제적 조건이 서
로 어떤 식으로 영향을 주고받는가)

의도적인 회피였는지 아니면 역사적 유물론에 대한 높은 관심 때
문이었는지는 알 수 없지만, 프로이트가 마르크스주의를 비평하면
서 유물변증법적인 철학적 세계관을 언급하지 않은 것은 다소 아쉽
다. 그러나 유럽에서 박해의 대상이었던 유대인이었으며 사회주의
이론에 적대감을 가지고 있는 보수적인 사회집단의 눈치를 보지 않
을 수 없는 처지에 있었던 프로이트가 마르크스주의를 정면으로 다
루었다는 사실 그 자체는 높이 평가할 수 있을 것 같다.

러시아의 사회주의혁명에 대하여

프로이트는 1917년에 발발한 러시아의 사회주의혁명에 대해서도
언급했다. 러시아혁명에 대한 그의 태도는 학문으로서의 마르크스

주의에 대한 평가보다는 훨씬 더 가혹했다.

러시아 볼셰비즘 속에서 자신을 실현할 수 있게 된 이론적인 마르크스주의는 하나의 세계관으로서 정열과 단호함, 배타성을 갖게 되었고, 또한 그것이 투쟁하고 있는 대상과의 섬뜩한 유사성도 띠게 되었습니다. 원래는 학문의 한 부분으로 과학과 기술의 토대 위에 세워졌던 마르크스주의는 예전에 종교가 그랬던 것처럼 가차 없이 사고를 엄격하게 금지하게 되었습니다. … 계시의 원천으로서 마르크스의 저술들은 성서와 코란의 지위를 차지하게 되었습니다.(242쪽)

프로이트는 마르크스주의가 원래는 '과학과 기술의 토대 위에 세워졌던' 학문이었으나 러시아혁명에 적용되면서 마치 종교처럼 변질되었다고 개탄했다. 그는 또한 러시아의 사회주의자들에게 사회경제적 조건이 바뀌면 인간심리가 빠르게 그리고 저절로 바뀔 거라고 기대한다면 그것은 지나치게 순진한 발상이라고 충고했다.

실천적 마르크스주의는 몇 세대를 거치지 않고도 새로운 사회질서 속에서 인간들 사이의 마찰 없는 공동생활이 가능해지고, 아무런 강요 없이도 작업의 과제를 스스로 받아들일 수 있도록 인간들의 본성을 변화시킬 수 있으리라고 기대했습니다. … 그러나 인간 본성의 그러한 변화는 개연성이 매우 희박한 것입니다.(243쪽)

사실 대부분의 러시아 사회주의자들은 사회주의혁명이 성공해서 사회주의제도가 확립되면 사람들도 자연스럽게 사회주의적인 심리를 가지게 될 거라는 암묵적인 믿음을 가지고 있었다. 그래서 그들은 사회주의혁명이 성공한 다음에는 생산력 발전에 주력했는데, 이는 레닌의 '공산주의＝소비에트＋전기화'라는 유명한 공식에서도 잘 나타나고 있다. 이 공식에서 소비에트란 사회주의 정권을 의미하며 전기화란 생산력을 상징하므로, 레닌을 비롯한 러시아 사회주의자들은 공산주의사회를 건설할 수 있느냐 없느냐 하는 관건이 생산력 발전에 달려 있다고 믿었음을 알 수 있다.

결과적으로 러시아 사회주의는 실패로 끝나고, 거의 한 세기에 가까운 시간을 사회주의사회에서 살았던 러시아인들이 다시 자본주의제도를 선택했으니 프로이트의 경고가 맞았던 것일까? 분명한 것은 사회경제적 조건 하나만으로는 인간심리를 올바로 설명할 수 없으며, 환경이 바뀐다고 해서 개인심리나 집단심리가 그에 정비례하면서 변하지는 않는다는 사실이다. 일반적으로 인간심리에는 그것이 상당부분 변하더라도 원래의 상태로 돌아가려는 관성이 있으며, 일단 견고하게 형성되고 나면 환경이 바뀌어도 잘 변하지 않는 경향이 있다.

프로이트는 '러시아에서의 대변동은 보다 나은 미래를 위한 복음처럼 들렸'지만 그것은 기본적으로 인간심리를 경시하고 있어서 실패를 면치 못할 것이므로, 인류는 '모든 종류의 사회적 공동체에서 제어할 수 없는 인간적 본성이 빚어내는 모든 어려움들과 기약할 수 없는 오랜 기간 동안 투쟁해야 할 것'이라고 단언했다. 그러나 러시아 사회주의혁명은 생물학적인 본능이 사람의 기본동기라서가 아니라 역설적으로 러시아의 사회주의자들이 사람을 생물학적인 본능을 가진 존재처럼 치부했기 때문에 실패했다고도 할 수 있다. 왜냐하면 러시아 사회주의가 실패한 주요한 원인 중의 하나가 바로 사람들의 사회적 동기를 원만하게 충족시켜주지 못했고, 사람들을 건강한 사회적 동기를 가진 존재로 바꾸지 못한 데 있기 때문이다.

이상사회의 건설은 사람들의 생물학적 동기만이 아니라 사회적 동기까지 충족시켜주고 나아가 그들을 건강한 사회적 동기를 가진 존재로 만들어야만 비로소 성공할 수 있다. 프로이트 역시 비슷한 맥락에서 '새로운 사회질서'는 '대중의 물질적인 곤란을 일소해줄 뿐만 아니라 동시에 개인들의 문화적인 요구에도 부응할 때' 출현할 수 있다고 예견했다. 사람은 육체적인 생존에 만족하지 않고 사회적 생존을 추구하는 존재이므로 그의 주장은 타당하다. 결론적으로 이상사회란 육체적 생존의 문제만이 아니라 사람이 가지고 있는 건강한 사회적 동기를 원만하게 실현해줄 수 있어야 하며, 모든 사람들이 건강한 마음을 가지고 있는 그런 사회라고 할 수 있을 것이다.

과학적인 철학적 세계관

심리학자인 프로이트가 만년에 세계관이라는 주제에 천착했던 것은 사람이 어떤 세계관을 가지고 있는가에 따라 현실의 구체적인 사물현상을 대하는 태도가 규정되고 모든 활동이 영향을 받으며, 개별 학문도 여기에서 예외가 될 수 없다는 것을 잘 알고 있었기 때문이다. 또한 그가 세계관을 과학적 세계관, 종교적 세계관, 철학적 세계관으로 구분한 것은 그 무엇보다 세계관이 직접적인 생활조건, 생활체험, 경험 등에 토대하여 자연발생적으로 형성될 수도 있으나 주로는 종교적 교리가 아니면 일정한 철학적 원리에 기초하여 이루어진다는 사정과 관련이 있다. 사실 이런 점에서 보면 세계관은 기본적으로 종교적 세계관과 철학적 세계관의 두 가지로 구분되어야 마땅하다. 그러나 프로이트가 보기에 종교는 물론이거니와 당시에 유행했던 대부분의 철학은 사람들에게 허무맹랑한 비과학적인 세계관을 줄 뿐이었다. 그가 종교적 세계관과 철학적 세계관을 과학적 세계관의 적으로 규정하고 냉철하게 비판했던 것은 그래서였을 것이다.

주관관념론 철학이나 철학적 상대주의와 같은 서구의 철학들 그리고 마르크주의의 세계관에도 만족할 수 없었기에, 프로이트는 철학 전체를 싸잡아 비과학적인 세계관이라고 강하게 비판했다. 그러나 전체로서의 세계에 대한 통일적인 견해와 세계를 대하는 관점과 입장을 밝힌 세계관을 주는 학문인 철학 그 자체를 비과학적인 세계관이라고 매도할 수는 없다. 당연한 말이겠지만 철학은 세계관을 주는 학문이지 비과학적인 세계관을 주는 학문은 아니기 때문이다. 다시 말해 철학 중에는 과학적인 세계관을 주는 것도 있고 비과학적인 세계관을 주는 것도 있을 수 있기 때문에 철학 그 자체를 비과학적인 세계관이라고 매도해서는 안 된다는 것이다. 설사 지금까지도 인류역사에 완벽한 과학적인 세계관을 주는 철학이 단 하나도 없다고 하더라도….

얼핏 보면 프로이트의 주장은 '경험'으로 확증할 수 있는 개별과학의 '실증적' 지식만이 참된 지식이며 세계의 본질과 일반적 합법칙성을 연구하는 철학은 쓸데없는 하나의 '형이상학'이라고 주장하는 주관관념론적 철학조류의 하나인 실증주의의 세계관 ─이를 과학철학이라고도 한다─ 과 비슷해 보인다. 그러나 프로이트의 견해는 세계관 따위는 전혀 필요 없다고 외치는 무지몽매한 실증주의자들과는 다르다. 그는 세계관 그 자체의 무용성을 주장한 것이 아니라 오직 비과학적인 세계관을 배격하려고 했을 뿐이다.

철학은 자연과 사회, 사람으로 이루어진 전체로서의 세계를 통일적으로 고찰하고 해석한다는 점에서 세계의 개별적 측면 또는 영역을 대상으로 하는 개별과학과 구별된다. 바로 여기에 철학의 존재의의가 있는 것이다. 그렇기 때문에 프로이트는 과학적인 연구방법과 증거에 기초해 건설된 세계관이라면 언제라도 수용할 수 있다는 개방적인 태도를 가지고 있었다. 마르크스주의에 대한 그의 공정하고 합리적인 평가가 이를 잘 보여준다.

개별과학인 '정신분석학은 어떤 특별한 세계관을 창조할 수 있는 위치에 있지' 않고 자신이 그 일을 해낼 수도 없었던 반면 비과학적인 세계관만 횡행하고 있었으니, 프로이트로서는 몹시 답답했을 것 같다. 그래서 어쩌면 그는 자신이 기꺼이 인정할 수 있는 과학적인 철학이 등장하기를 목메어 기다렸을지도 모른다. 그리고 그런 철학에 기초해 정신분석학이 새롭게 씌어지기를 기대했을지도 모른다.

프로이트가 강조했던 그대로, 정신분석학의 한계는 상당부분 그 자신이 과학적 세계관이라고 믿고 받아들였던 당대의 몇몇 세계관들이 가지고 있었던 한계로부터 비롯되었다. 안타깝게도 프로이트가 과학적 세계관이라고 굳게 믿었던 세계관들이 비과학적인 세계관인 경우가 많았기 때문이다. 하지만 적어도 프로이트는 세계관이 심리학에 미치는 거대한 영향력을 정확히 알고 있었고, 그렇기 때문에 여러 악조건에도 불구하고 세계관이라는 주제를 회피하지 않고 다루었다. 후세의 심리학자들이 항상 염두에 두면서 따라 배워야 할 그의 덕목이 바로 여기에 있다.

제2장

—

융

—

무의식에 대한 접근

CARL GUSTAV JUNG

초기의 프로이트는 기존의 주류 학계로부터 심하게 배척을 당했고 외부의 지원도 거의 받지 못해 고전하고 있었다. 그러나 1906년경, 융이나 블로일러 같은 일군의 스위스 정신의학자들이 그의 학설에 동조하면서부터 정신분석학은 커다란 도약을 하게 되었다. 융은 이렇게 정신분석학을 세상에 널리 알리는 데 기여한 일등공신이었을 뿐만 아니라 프로이트의 뒤를 이을 후계자로까지 지목되었다. 그러나 1909년 융은 프로이트와 함께 미국여행을 하면서부터 그와 개인적, 이론적으로 갈등을 겪기 시작하다가 1914년에 완전히 갈라서게 되었다.

　일단 이론적인 면에서 보면, 융은 프로이트의 성욕설을 정면으로 부정했는데 이것이야말로 그가 프로이트와 결별하게 된 중요한 이론적 차이점이라고 할 수 있다. 융은 프로이트와 결별한 이후에 자기만의 독자적인 이론을 정립해나갔는데 후에 그것을 '분석심리학'으로 명명했다.

　융의 분석심리학은 프로이트의 정신분석학에 비교해볼 때, 일반인은 물론이거니와 지식인들 사이에서도 그다지 영향력을 발휘하지 못하고 있다. 여기에는 여러 가지 이유가 있겠지만, 그 중 하나로 그의 저서들이 대중이 읽기에 지나치게 까다롭다는 점을 꼽을 수 있다. 사실 그의 저서들은 좋게 말하면 추상적이고 모호하다고 할 수 있으며, 나쁘게 말하면 비일관성과 횡설수설하는 문제가 있는 편이어서 명료하게 파악하기가 쉽지 않다. 프로이트가 '융의 변형은 어떤 입장을 취하기가 어려울 정도로 너무 모호하고, 이해하기 어려우며, 혼돈스럽다. 사람들은 일순 그의 이론 중 어느 것을 파악했다고 생각하지만 그는 곧 자신이 그것을 오해했다는 이야기를 들을 준비가 되어 있어야만 하고, 그것에 대한 정확한 이해에 어떻게 도달하는지 알 수 없다'(120쪽)고 불평했던 것은 그래서이다.

어떻게 보면 〈무의식에 대한 접근〉이야말로 융의 이론을 정확히 이해하는 중요한 길잡이 역할을 할 수 있을 것이다. 그것은 무엇보다 융 자신이 이 저서를 일반대중을 대상으로 해서, 그들의 눈높이에 맞추어 집필하려고 노력했기 때문이다. 이는 저서의 집필을 제안했던 담당자의 다음 말을 통해서도 알 수 있다.

오롯이 일반인을 위한 기획, 집필이어야 하며, 주제 하나하나가 일반인이 이해할 수 있을 만큼 평이하게 다루어졌다는 확신이 서는 수준까지 문장 하나하나를 정확하게 쓰게 했고, 필요한 경우에는 다시 쓰게 하는 것도 불사했다.(융, 1964, 「무의식에 대한 접근」, 『인간과 상징』, 열린책들, 1996, 10쪽; 이하 이 장에서 쪽수만으로 인용.)

이런 과정을 거쳐 탄생했다고 해서 읽기가 아주 쉬운 책이라고 오해하면 곤란하지만, 아무튼 〈무의식에 대한 접근〉은 융의 저서들 중에서는 가장 덜 모호한 저서임이 분명하다.

〈무의식에 대한 접근〉이 중요한 것은 또한 이 저서가 융의 유작이기 때문이다. 융은 만년의 대부분을 이 저서에 바쳤는데, 그는 이 저서를 완성한 1961년의 바로 그 달에 사망했다. 죽음을 앞두고 있던 융이 전력을 다해 집필한 이 저서는 분석심리학의 핵심 개념이나 아이디어에 대한 그의 최종적인 견해를 포함하고 있다. 따라서 융의 이론을 정확히 이해하는 데서, 〈무의식에 대한 접근〉은 기본교재로 간주되어야 마땅할 것이다.

꿈은 무의식의 발언

프로이트는 〈꿈의 해석은 정신의 무의식적 활동을 알게 되는 왕도이다〉(프로이트, 1900, 「꿈의 해석」, 『프로이트 전집 4』, 열린책들, 699쪽)라는 유명한 말을 남긴 바 있다. 융 역시 이와 유사한 맥락에서 꿈을 '무의식의 고유한 표현'(40쪽)으로 정의했다. 이렇게 두 사람은 꿈을 의미 있는 정신현상, 그것도 무의식적 정신현상으로 보고 있다는 공통분모를 가지고 있다. 융은, 프로이트와 마찬가지로, 꿈을 연구함으로써 무의식의 실체에 점점 더 가까이 접근할 수 있게 될 거라고 믿었다.

일반적으로 무의식에 동화된 경험은 꿈에서 그 모습을 드러낸다. … 상징적인 이미지를 통해서 나타난다. 역사적으로 보아, 심리학자로 하여금 우리 의식 속에서 일어나는 심적 사상의 무의식적인 측면을 연구할 수 있게 해준 것도 바로 이 꿈의 연구를 통해서였다.(25쪽)

잘 알려진 것처럼 프로이트는 꿈이라는 정신현상을 만들어내는 원인이 동기, 소원에 있다고 주장했다. 꿈은 본질적으로 의식적, 무의식적 소원을 성취하기 위해서 꾸게 되는 것이라고 믿었던 것이다. 융 역시 '지금까지는 아무도, 억압과 욕구 충족이 꿈 상징의 원인으로 보인다는 프로이트의 이론을 반박할 이가 없다'고 하면서, 꿈의 원인이 동기임을 인정하고 있다. 여기까지는 프로이트와 융 사이에 별다른 이론적 차이가 없다. 그러나 꿈의 해석과 관련해서부터 두 사람은 각각 다른 길을 가기 시작한다.

융은 '언제부터인가, 잠자는 동안에 무의식이 만들어 내는 그 풍부한 환상을 해석하는 데 자유연상법은 부적당하고, 오류가 생기기 쉬운 방법이라는 생각을 하기 시작했다.'(31쪽) 프로이트의 자유연상법이란, 간단히 말해 꿈에 등장하는 소재를 가지고 자유연상을 진행하는 꿈 해석방법을 말한다. 예를 들면 꿈에 갓난아기와 고슴도치가 나왔다면 각각 그것들을 가지고 자유로운 연상을 해보는 것이다. 프로이트에 의하면 무의식은 의식의 검열을 통과해야 하므로 꿈에서 어떤 심상이나 주제를 있는 그대로 드러내지 못하기 때문에, 그것을 반드시 위장하거나 비틀어서 표현하게 된다. 이럴 경우 우리가 기억하고 있는 꿈의 줄거리와 상징들은 왜곡된 것으로서, 원래의 꿈 —그 핵심은 원래의 동기이다. — 과는 크게 다르다. 따라서 비록 왜곡되었지만 원래의 꿈과 연결되어 있는, 꿈의 소재들을 단서로 삼아 자유연상을 함으로써 그것이 무엇을 의미하는지를 찾아내야 하는 것이다. 앞의 예에 기초해 말하자면 갓난아기와 고슴도치를 가지고 자유연상을 진행함으로써 그것들이 각각 꿈꾼 사람의 유아적 태도와 까칠한 애인을 상징하고 있음을 알게 되는 식이다. 그런데 만일 꿈이 '위장된 소원성취'가 아니라면, 즉 검열에 의해 왜곡된 게 아니라면 꿈의 줄거리와 상징을 무시하는 자유연상법은 타당한 꿈 해석방법이 될 수 없다. 왜냐하면 자유연상법은 꿈이 왜곡되지 않았음에도 왜곡되었다고 주장하면서, 꿈의 해석을 꿈으로부터 멀어지게 만들 위험이 크기 때문이다. 꿈에 아버지가 나타나서 꿈꾼 이를 꾸짖었을 경우, 프로이트의 자유연상법은 이렇게 말할 가능성이 크다. "그 사람은 분명히 당신의 아버지가 아닐 겁니다. 그러니 꿈속에 등장한 아버지를 가지고 자유연상을 한번 해봅시다." 그러나 융은 꿈이 검열에 의해 왜곡된 정신현상이라는 프로이트의 주장을 반대했다. 만약 꿈속에 아버지가 나왔다면 그 사람은 아버지가 맞을 거라고 생각했던 것이다. 이런 입장에서 융은 다음과 같이 말했다.

나는 꿈에 특수하면서도 보다 의미 있는 기능이 있다고 보는 것이 옳지 않겠느냐는 생각을 하게 되었다. 꿈은 명확하고 의미심장한 구조를 지니고 있는 경우가 많으며 그러한 구조를 통해 그 밑바닥에 있는 생각이나 의도를 드러낸다. … 〈자유로운〉 연상에 의해 연쇄적으로 떠오르는 일련의 생각을 이리저리 좇는 대신, 꿈의 형태와 내용에 주의를 더 기울여 보면 어떨까. 이런 생각을 하기 시작했다.(33쪽)

꿈의 형태와 내용 ―상징과 모티프― 에 주의를 기울이는 '이 새로운 생각'을 융은 자기만의 '심리학 발전의 전환점'으로 명명하면서, '꿈의 내용에서 자꾸만 멀어지게끔 만드는 사고의 연상작용은 더 이상 좇지 않'는 대신 '꿈 자체에서 연상되는 생각과 이미지들에 집중하기 시작'했다. 만일 꿈이 검열에 의해 왜곡된 정신현상이 아니라면 자유연상법은 꿈을 꾼 이의 무의식을 탐색하는 방법은 될지언정 꿈에 대한 올바른 해석으로는 이끌지 못하며, 나아가 그것은 꿈 자체에서 더욱 멀어지게 만들 위험성이 컸기 때문이다.

사람들이 꾸는 상당수의 꿈은 매우 상징적이고 비현실적이어서 이해하거나 해석하기가 어렵다. 프로이트는 꿈이 이처럼 난해한 것은 검열에 의해 심하게 왜곡되고 뒤틀려서라고 주장했다. 그러나 융은 '프로이트는 꿈속의 관념이나 이미지는 꿈에 의해 〈변장〉된 것이라고 말했으나, 그가 〈변장〉이라 이름 붙인 꿈의 형태는 사실, 무의식 속에서 모든 충동이 지니는 본연의 모습'(92쪽)이라고 말하면서, 그의 견해에 동의하지 않았다. 즉 그는 꿈이 난해한 것은 검열에 의해 왜곡되어서가 아니라 단지 무의식의 언어가 의식의 언어와는 달라서라고 생각했던 것이다.

이 꿈의 이미지는 상징적이라고 할 수 있다. 그 까닭은 꿈이 말하고자 하는 바를 직접적으로 표현하지 않고 내가 바로 이해할 수 없는 은유적인 방법을 써서 간접적으로 표현했기 때문이다. 이런 현상이 생긴 까닭은 꿈이 의도적으로 의미를 〈위장해〉버렸기 때문이 아니라, 감정이 담겨 있는 회화적인 언어를 우리가 제대로 이해하지 못하기 때문에 생긴 현상이다.(58쪽)

그렇다면 무의식은 왜 의식과는 달리 '감정이 담겨 있는 회화적인 언어'로 사고하는 것일까? 그것은 꿈이 '원시 심상의 수준까지 내려가 유아기 세계와 함께 유사 이전의 〈회상〉을 불러일으키'(146쪽)기 때문이다. 융은 무의식의 핵심에 인류가 공유하고 있는 원시적인 심성들이 존재한다고 믿었다. 프로이트는 동물적 본능을 주요한 동기로 가지고 있다는 점에서 동물과 원시인, 어린아이의 심리가 본질적으로 같다고 보았다. 반면에 융은 어린아이의 마음이 '원시 심성과 근본적으로 동일한 구조로 되어 있'(147쪽)으므로, 원시인의 마음과 같다고 주장했다. 융에 의하면 어른의 마음에도 ―무의식의 깊은 곳에― 이러한 원시인과 어린아이의 원시 심성이 그대로 살아 있는데, 꿈이 바로 이것을 활용하기 때문에 이성적인 사고에 익숙해져 있는 어른에게 꿈은 난해할 수밖에 없다.

우리가 무의식이라고 부르고 있는 것은, 근원적인 마음의 일부분을 형성하던 원시적 특성을 보존하고 있는 것으로 보인다. 꿈의 상징이 항상 우리에게 전하려고 하는 메시지가 바로 이 특성이다. 무의식은 마음이 그 발전도상에서 버렸던 온갖 옛것들(환각, 공상, 구태의연한 사고형태, 기본적인 본능 따위)을 되찾으려고 하는 듯하다.(145쪽)

융은 꿈이 '무의식의 반응이나 자연발생적인 충동을 의식에 전달'(98쪽)한다고 했는데, 이 무의식의 반응이나 자연발생적인 충동의 상당 부분은 원시 심성에서 비롯된다. 다시 말해 원시 심성이라는 '잠재된 내용물로부터 … 꿈 상징이 자연스럽게 산출'(49쪽)되는데, 이 원시 심성은 현대인의 언어, 의식의 이성적인 언어와는 다르기 때문에 꿈이 난해하다는 것이다.

지금까지 살펴본 꿈에 대한 융의 주장을 요약하면 다음과 같다. 첫째, 꿈은 검열에 의해 왜곡된 것이 아니라 무의식의 솔직한 표현이자 발언이다. 둘째, 사람은 무의식의 원시 심성을 이용해 꿈을 꾼다. 셋째, 원시 심성은 현대인의 언어나 의식의 언어와는 다르기 때문에 꿈은 난해하다.

2

상징의 해석이 중요한 까닭

융의 이론을 떠받치고 있는 핵심개념 중의 하나인 '상징'이란 과연 무엇일까?

일상생활에서 종종 마주치는 용어나 이름이나 한 장의 그림 따위가 통상적으로 받아들여지는 명백한 의미 외에도 특정한 함의를 지니고 있는 경우 우리는 그것을 상징이라 부른다. 상징은 모호하고, 우리가 알지 못하는 것, 우리에게는 감추어진 무엇인가를 내포하고 있다.(21쪽)

인터넷이나 핸드폰을 사용하다 보면 한글의 모음인 'ㅜ'나 'ㅠ'자를 두 개 붙여서 사용하는 'ㅜㅜ'나 'ㅠㅠ'를 흔하게 볼 수 있다. 이것은 사람이 눈물을 흘리는 것을 상징한다. 또한 ^라는 기호를 두 개 붙여서 사용하면 ―^^― 그것은 웃는 얼굴을 상징한다. 이런 식으로 어떤 용어나 그림이 원래의 의미가 아닌 또 다른 의미를 가지게 될 때 그것을 상징이라고 한다. 상징에는 스마일 그림이나 도로의 표지판처럼 단순한 의미를 갖고 있는 상징도 있고, 국가나 종교의 상징처럼 어떤 사회집단이 숭상하는 전통, 신념, 가치관, 문화 등이 압축적으로 담겨 있는 심오하고 복잡한 상징도 있다. 상징은 그것을 목적의식적으로 만든 사람이나 이미 그 의미를 알고 있는 사람에게는 이해되기가 그다지 어렵지 않겠지만, 어떤 상징을 처음 보는 사람들은 그것이 무슨 뜻인지 알 수 없는 경우가 많다. 그러므로 만일 꿈의 상징이 주로 원시 심성에 의해 만들어진다면 현대인은 그것을 이해하거나 해석하기가 매우 어려울 수밖에 없을 것이다.

융의 이론에서 상징이라는 개념은 기본적으로 해석의 관점, 즉 어떤 '말이나 형상이 명백하고 직접적인 의미 이상의 무엇인가를 내포하고' 있어서, 우리가 그것을 이해하려면 반드시 해석을 해야만 한다는 뜻을 가지고 있다. 달리 말하면 원시 심성은 그저 자기만의 독특한 회화적 언어를 사용하고 있을 뿐이지만 꿈을 꾼 당사자의 입장에서는 그것을 이해하지 못하므로 상징이 될 수밖에 없다는 것이다. 이렇게 상징이라는 개념은 기본적으로 해석자나 관찰자의 관점, 즉 무의식의 입장에서는 상징이 아니지만 그것이 해석자나 관찰자의 입장에서는 '상징'으로 간주된다는 의미를 가지고 있다.

> 상징은 자연발생적인 것이다. … 꿈속에선 상징이 저절로 만들어진다. 꿈은 생기는 것이지 만들어지는 것이 아니기 때문이다. 따라서 꿈은 상징에 관한 지식을 얻을 수 있는 보고라 할 수 있다.(75쪽)

여기에서 상징이 자연발생적이라거나 저절로 만들어진다는 것은 무의식이 별다른 조작이나 변형을 가하지 않고 솔직하게 자기 얘기를 할지라도 그것이 해석자에게는 상징이 된다는 뜻이다. 즉 사람이 원하든 원하지 않든 간에 무의식의 표현인 꿈은 원시 심성의 언어를 모르는 현대인이 보기에는 상징이라는 것이다.

융은 상징을 다음과 같이 자연적 상징과 문화적 상징으로 구분하고 있다.

> 〈자연적〉 상징은 마음의 무의식적인 내용물에서 파생한 것이고, 그래서 근원적인 원형 심상의 다양한 모습으로 나타난다. … 문화적 상징은 〈영원한 진리〉를 표명하기 위해서 사용된 것인데, 아직도 이러한 상징은 여러 종교에서 쓰이고 있다. 이 문화적 상징은 수많은 변용의 과정과 어느 정도 의식적인 발전과정을 거쳐 문명사회에 수용되면서 집단

적 이미지가 된다.(137쪽)

　간단히 말하면 인류가 역사 속에서 창조하고 사용해온 상징들은 '문화적 상징'이고, 무의식이 주로 꿈을 통해서 만들어내는 상징은 '자연적 상징'이라고 할 수 있다. 각종 문화적 상징들이 집단적 이미지가 되어 사람들에게 이러저러한 영향을 미치고 있음은 현실 속에서 쉽게 찾아볼 수 있다. 예를 들면 과거에 한국이 일본의 식민지 지배하에 있었을 때 누군가가 태극기를 들고 대한독립만세를 외치는 모습을 보게 되면, 한국인들은 그 태극기를 단순한 그림이나 기호가 아니라 '조선독립'의 상징, 잃어버린 조국의 상징으로 받아들일 것이다. 이런 현상에 대해 융은 문화적 상징이 '아직도 그 본래의 신성한 힘 혹은 〈마력〉을 지니고 있다'고 표현하면서, 문화적 상징이 사람들의 마음속에서 '깊은 정서적 반응'과 '심적 변화'(137쪽)를 일으킨다고 강조했다.

　　문화적 상징은 우리 정신구조의 중요한 구성 요소이고, 인간의 모듬살이를 가동시키는 원동력이다. … 사라져 버린 것같이 보이던 이 정신적 에너지가 사실은 무의식의 상위계층을 소생시키거나 강화해버리기 때문이다.(138쪽)

　그렇다면 자연적 상징은 사람에게 어떤 영향을 미칠까? 융은 '의식 속의 모든 개념은 그 자체의 심리적 연상을 지닌다'고 말했다. 그런데 이 의식 차원의 개념에 관련된 연상이 무의식에 있는 원시적 심성과 연결되면 자연적 상징이 만들어지고 그것이 역으로 의식상의 개념에 영향을 미칠 수 있다.

　　우리가 의식 속에 간직하고 있고, 우리가 의지로 기억해낼 수 있는 것조차 회상될 때마다 무의식의 바탕 색깔을 띠고 있기 때문이다. 바로 이 바탕 색깔이 회상되는 관념을 채색해버리는 것이다.(53쪽)

　　이해를 돕기 위해 하나의 예를 들어보겠다. 현실에서 절대 권력을 행사하고 있는 독재자를 의식적으로 떠올리면 그것은 노예제나 봉건제 시대의 황제나 왕에 대한 문화적 상징을 연상시킬 수 있다. 이 문화적 상징은 무의식의 원시 심성에 자리 잡고 있는 절대자 혹은 괴물과 연결될 수 있는데, 그렇게 되면 절대자 혹은 괴물의 '자연적 상징'이 나타나 황제나 왕의 '문화적 상징'에 영향을 주고 그것이 다시 현실의 독재자에 대한 반응이나 태도에 영향을 주게 된다. 그 결과 독재자의 영상에 과거 시대의 황제나 왕의 상징 나아가 원시시대의 절대자 혹은 괴물의 상징이 혼합되므로, 대중은 봉건적인 충성심 그리고 원시적인 경외심과 두려움 같은 전근대적인 정서반응을 보이게 된다. 따라서 이런 식의 연상은 '그 개념의 〈정상적〉인, 즉 원래의 성격을 바꿀 수' 있을 뿐만 아니라, 심지어는 '의식의 레벨 아래로 흘러 들어가면서 전혀 다른 것으로 변모할 수도 있다.'(56쪽) 지금까지의 내용을 도식화하면 다음과 같다.

현실의 독재자	연상 →	노예제나 봉건제 시대의 황제나 왕	연상 →	원시 심성에 있는 절대자 혹은 괴물
개념	← 영향	문화적 상징	← 영향	자연적 상징
의식		의식 및 무의식		무의식

　융에 의하면 무의식에 있는 내용들은 그것이 무엇이든 간에 상징을 통해 자기의 모습을 관찰자에게 드러낸다. 따라서 무의식의 심리적 갈등이 신경증의 증상(히스테리, 모종의 통증, 비정상적인 행동)으로 나타나는 것도 상징이며, 원시적인 심성이 꿈을 통해 표출되는 것 역시 상징이다. 여기에서 알 수 있듯이 상징은 개인의 특수한 심리나 경험과 관련된 것도 있는 반면 집단의 심리나 역사적 경험과 관련된 것도 있다.

　　상징 가운데에는 그 성질이나 기원에 있어 개인적이기보다는 〈집단적인〉 것도 다수 있다. 집단적인 상징은 주로 종교적 상징이다. … 이러한 종교 상징은, 사실은 태고의 꿈이나 창조적인 공상에서 생겨난 〈집단 표상〉이다. 이 집단 표상은 자의와 무관하게 무의식을 통해 자연히 생겨난 것이지 결코 의도적으로 만들어진 것은 아니다.(76쪽)

　융은 집단 표상 혹은 집단 무의식이 존재할 뿐만 아니라 그것이 사람에게 지속적으로 또 커다란 영향을 미치고 있다고 주장했다. 그가 집단 무의식이 존재한다고 믿게 되었던 것은 한 개인의 삶만으로는 도저히 해석할 수 없는 기이한 꿈들이 있었기 때문이다.

꿈에 나타나는 이미지나 관념들이 기억만으로는 도저히 설명될 수 없다 … 꿈은, 우리 의식의 문턱에는 아직 발도 디디지 않은 전혀 새로운 생각들을 표현하고 있다.(51쪽)

고태의 잔재와 원형

한 개인이 세상을 살아가면서 알게 되거나 경험했던 것만으로는 도저히 설명할 수가 없는 특이한 상징들이 등장하는 꿈들이 있는데, 프로이트는 이런 상징들을 〈고태의 잔재〉라고 불렀다.

많은 꿈이 미개인의 사고, 신화, 또는 제의와 유사한 이미지 혹은 심리적 연상을 드러내고 있기 때문이다. 프로이트는 이 꿈의 이미지를 〈고태의 잔재〉라고 불렀다.(61쪽)

그러나 융은 프로이트가 사용했던 '고태의 잔재'라는 표현이 마음에 들지 않았다. 왜냐하면 그가 보기에 그것은 '절대로 생명이 없는, 따라서 무의미한 〈잔재〉가 아니'었기 때문이다. 융은 고태의 잔재가 아득한 옛 시절이 남기고 있는 단순한 정신적 찌꺼기가 아니라 오늘을 살아가는 사람들에게도 중요한 영향을 미치고 있다고 주장했다.

이런 연상과 이미지는 지금도 우리 마음에 그 힘을 행사하고 있으며, 〈역사성을 지니는〉 성격 때문에 더욱 가치가 있기도 하다. 이 연상이나 이미지는 우리 생각의 의식적인 표현양식과, 보다 원시적이고 보다 다채로운 회화적 표현양식 사이에 하나의 다리를 놓아준다. 그런데 우리의 감정이나 정서에 직접적인 호소를 할 수 있는 표현은 바로 회화적인 표현이다. 그러니까 이 〈역사성이 있는〉 연상이나 이미지는 합리적인 의식 세계와 본능의 세계를 잇는 다리 노릇을 하는 것이다.(63쪽)

그래서 융은 '이 〈고태의 잔재〉를 〈원형archetype〉 혹은 〈원초적 심상〉이라고 부르'(99쪽)기로 했다. 사실 융의 이론에서 가장 중요하면서도 가장 까다로운 개념이 바로 이 원형이라고 할 수 있는데, 원형에 대한 그의 설명은 다음과 같다.

　　원형이라고 하는 것은, 하나의 모티프를 어떤 표상으로 형성시키는 경향이다. 그 표상은 기본적인 패턴을 잃지 않으면서 세부적으로는 다양하게 변한다. … 나를 비판하는 사람들은 내가 〈유전된 표상〉을 다루고 있는 것으로 잘못 알고 원형이라는 개념은 미신에 지나지 않는다고 주장한다.(99쪽)

융은 사람들이 원형을 곧 '신화 이미지 혹은 신화 모티프를 나타내는 것이라고 오해'한다고 불평하면서, 원형은 모티프가 아니라고 거듭 강조하고 있다. 그러나 동시에 그는 원형을 '모티프를 어떤 표상으로 형성시키는 경향'이라고도 규정하고 있다. 이를 종합하면 원형이란 어떤 집단적 모티프를 담고 있기는 하지만 모티프는 아닌, 집단적 표상 혹은 상징이라는 의미로 해석할 수 있다.

원형은 개인적 상징과 대비되는 개념으로서의 집단적 상징을 지칭하는 것이라고도 할 수 있는데, 이는 '상징으로 표명된 개개의 형태는 개인적이지만 이 형태가 보이는 일반적인 패턴은 대단히 〈집단적〉'(110쪽)이라는 그의 말을 통해서도 짐작할 수 있다. 사람들에게 괴물에 대한 형상을 떠올리라고 하면 어떤 이는 맹수와 비슷한 괴물을, 어떤 이는 곤충과 비슷한 괴물을, 또 다른 이는 사람을 닮은 괴물을 떠올릴 것이다. 이처럼 개개인들은 괴물에 대해 각기 다른 형상을 떠올리지만 그런 형상들은 모두 다 인류가 공통적으로 가지고 있는, 이빨이 날카로우며 뿔이 달려 있는 등의 원시적인 괴물 형상의 변형이라고 할 수 있다. 즉, 집단적 상징으로 작용하는 원시적인 괴물 형상이 바로 원형이고 그것에 기초해 만들어진 각각의 괴물 형상은 개인적 상징이라고 할 수 있다는 것이다.

그렇다면 이 원형이라는 것이 왜 그리도 중요한 것일까? 융에 의하면 원형은 사람에게서 마치 동물의 본능처럼 작용하는 위력을 가지고 있다.

원형에는 본능적인 〈경향성trend〉이 있어서 새가 집을 짓는 충동이나 조직적으로 무리를 이루는 개미의 충동만큼이나 뚜렷한 나름의 충동을 지닌다.(100쪽)

각각의 원형은 사람에게 어떤 본능적인 충동을 일으키고 사람은 그 영향에서 벗어날 수 없다는 것이 융의 논지인데, 과연 그럴까? 융도 인정하고 있듯이 원형은 본능과 비슷한 작용을 하기는 하지만 본능과는 다른 것이다. 먹는 본능, 모성 본능, 방어 본능, 성적 본능 등은 기본적으로 '생리적인 충동'으로 체험된다. 배가 고플 때 먹고자하는 충동, 맹수가 나타났을 때 방어하고자 하는 충동을 체험하는 식으로. 이에 비해 원형은 본능처럼 생리적인 충동이 아니라 '대개의 경우 상징적인 이미지로만 나타'나는데, 융은 '바로 이 〈나타남〉을 … 〈원형〉이라고 부르'(100쪽)고 있다. 아무튼 그의 말에서도 유추할 수 있듯이, 집단적 상징에 불과한 원형 그 자체가 어떤 집단적 모티프나 본능적 경향을 담고 있다고 볼 근거는 없다. 그러므로 '하나의 모티프를 어떤 표상으로 형성시키는 경향'이라는 원형에 대한 융의 개념규정은, 그 자신의 말에 비추어보더라도 잘못이다. 집단적 상징이나 심상에 불과한 원형은 자체 내에 어떤 모티프나 본능적 경향성을 담을 수는 없으며, 단지 어떤 모티프나 본능적 충동을 유발하는 방아쇠 역할을 할 수 있을 뿐이다. 즉, 원형은 융 자신이 말한 대로사람들한테 어떤 정서적 반응을 불러일으키는 촉매제의 역할을 할수 있다는 것이다. 예를 들면 괴물의 원형, 여성의 원형은 각각 그에 상응하는 일정한 정서적 반응을 야기할 수 있다. 융이 원형의 필수조건으로 이미지와 정동을 꼽은 것은 이런 사정과 관련이 있다.

원형이라는 것은 이미지인 동시에 정동(情動)이다. 그러므로 우리는 이 두 가지 측면이 동시에 존재하는 경우에만 원형에 관해 논의할 수 있다.(144쪽)

이 말은 어떤 집단적 이미지 혹은 상징이 정동, 즉 사람에게서 감정의 움직임을 야기할 경우에만 원형이 될 수 있다는 것인데, 이런 설명이야말로 융 특유의 부정확한 개념규정의 한 예이다. 이미지는 원형의 가장 중요한 속성이 맞다. 그러나 정동은 원형의 속성이 아니라 원형에 대한 사람의 심리적 반응일 뿐이다. 따라서 이 두 가지는, 원형 개념에 한데 섞어 넣을 게 아니라 별개로 취급해야 한다. 만약 프로이트가 '성욕이라는 것은 번식욕인 동시에 정동이다'라고 말했다면 그런 설명에 동의하기는 어려울 것이다. 왜냐하면 정동은 성욕의 심리적 결과일 뿐만 아니라 성욕만이 아닌 다른 모든 동기들도 공통적으로 야기하는 심리적 결과이기 때문이다. 이와 마찬가지로 정동은 원형만이 촉발할 수 있는 게 아니라 원형도 촉발할 수 있는 심리적 결과일 뿐이다. 따라서 화약이 야기하는 하나의 결과인 불꽃을 가지고 화약을 '화약은 불꽃이다'라는 식으로 정의할 수 없듯이, 원형의 심리적 결과인 정동은 원형 개념을 규정하는 데 사용될 수가 없다.

아무튼 융이 정동이라는 단어를 통해 말하고자 했던 바는, 원형이 특정한 정서적 반응을 이끌어내는 단서가 됨으로써 사람에게 영향을 미친다는 사실이었을 것이다. 그는 원형의 예로 '아니마, 아니무스, 현자, 태모'(145쪽) 등의 이미지를 들고 있다.

지금까지 살펴보았듯이, 융은 원형이라는 개념을 다소 일관성이 없게 또 비논리적으로 해설하고 있어서, 이해하기가 까다롭다. 게다가 그는 아니마, 아니무스, 현자, 태모의 원형이 정확히 무엇이고 그것에 대한 정서적 반응이 무엇인지도 제대로 설명한 적이 없다. 그가 최후의 순간까지도 원형을 정확하게 정의할 수 없다는 부끄러운 고백을 하지 않을 수 없었던 것은 바로 이 때문일 것이다.

> 나는 이 원형의 개념을 파악하기가 대단히 어렵다는 것을 알고 있다. 원형은 개념의 특성상 정확한 정의가 불가능한데, 그러한 개념을 말로 설명하자니 이해 또한 어려울 수밖에 없을 것이다.(144쪽)

원형이 있어야 할 자리

융에 의하면 원형이 유발하는 정서적 반응은 원시인에게서나 현대인에게서나 동일하다. 왜냐하면 '사람에게 어떤 영향을 미치는 감정의 움직임은 우리에게나 미개인에게나 다 마찬가지'(60쪽)이기 때문이다. 나아가 어떤 감정적 반응이나 움직임은 동기로 작용할 수 있을 뿐만 아니라 '사고형태를 통한 상황에의 개입'(115쪽)도 가능하다. 다시 말해 어떤 원형은 특정한 감정적 반응을 낳는데, 그것이 동기로도 작용하고 또 그에 상응하는 사고형태를 만들어내기도 함으로써 사람에게 영향을 미칠 수 있다는 것이다. 예를 들면 괴물 원형은 강렬한 두려움과 혐오감 같은 감정반응을 낳을 수 있는데, 그것은 괴물한테서 도망치려 하거나 괴물을 죽이려는 동기로 작용할 수 있고 나아가 괴물을 극악무도한 존재로 묘사하는 사고형태를 만들어낼 수도 있다. 다소 억지스럽더라도 융의 원형 이론에 근거해 설명을 해보자면, 과거 한국의 반공포스터에 단골손님으로 등장했던 뿔 달린 도깨비 형상을 한 북쪽 사람들의 이미지는 괴물 원형에서 비롯된 것이라고 설명할 수 있을 것이다.

융에 의하면 원형은 '이 세상 어디에서나, 언제나 되풀이해서 나타'(101쪽)나기 때문에, 인류는 그런 원형이 결과하는 '〈집단적 이미지〉와 신화 모티프'(99쪽)에서 벗어날 수가 없다. 그래서 원형은 '민족 전체, 혹은 역사의 한 시대 전체에 영향을 미치고 그 시대에 특징을 부여할 수 있는 신화와 종교와 철학을 산출한다.'(116쪽) 프로이트가 신화, 종교, 예술, 도덕 등의 기원이 오이디푸스 콤플렉스에 있다고 주장했다면 융은 그것이 집단적 콤플렉스인 원형에 있다고 주장한 셈인데, 과연 누가 옳은 것일까? 하나마나한 대답일지도 모르겠지만 당연히 둘 다 틀렸다. 인류가 창조해낸 사회적 성과물은 기본적으로 세상을 통제하고 개조하려는 사회적 동기의 산물이지 오이디푸스 동기나 그 실체조차 알 수 없는 집단 무의식의 산물 따위가 아니기 때문이다.

물론 원형이 인류에게 어느 정도 영향을 미칠 수 있다는 점은 인정할 수 있다. 원시시대에는 원시인들이 뱀에게 물려 죽는 일이 흔했다고 가정해보자. 이럴 경우 원시인들은 유전자 속에다 뱀에 대한 형상, 즉 뱀의 원형과 함께 그것이 떠오르면 자동적으로 두려움이나 도피반응을 보이도록 기록을 남겨 놓았을 수 있다. 어쩌면 이것이 대부분의 인류가 돼지가 아닌 뱀에게서 더 큰 공포감을 느끼는 이유일지도 모른다. 하지만 그런 단순한 이미지와 그것에 대한 정서반응이 가진 힘이 현대인의 정신생활과 사회생활을 좌지우지할 정도로 크다고는 할 수 없다. 이런 점에서 나는 자연적 상징인 원형보다는 오히려 문화적 상징이 더 큰 위력을 발휘할 거라고 생각한다. 이것은 현재의 사람들에게 원형이 커다란 영향을 미치고 있다는 증거로 융이 제시하고 있는 다음의 사례들만 보더라도 알 수 있다.

① **창세 신화의 모티프**: 비록 태초에 창세 신화를 탄생시킬 때는 원형이 영향을 미쳤더라도, 일단 창세 신화가 성경 같은 것에 기록이 되어 사회역사적 맥락에서 주로 말과 글로 전승되기 시작한 다음부터는 원형이 설 자리는 거의 없어진다.

② **구세주 그리스도의 모티프**: 융은 영웅상(hero image)이 '원형으로서 태곳적부터 있어' 왔으며, '구세주로서의 그리스도라는 일반적인 관념은, 기독교가 존재하기 이전부터 세계에 널리 퍼져 있던 구세주로서의 영웅 모티프에 속한다'고 말했다.(106쪽) 물론 영웅상과 영웅 모티프 역시 태초에는 원형에 의거해 만들어졌을 수 있다. 그러나 일단 그리스도가 세상에 출현한 다음부터는 사정이 달라진다. 즉, 이때부터 구세주 모티프는 원형이 아니라 그리스도에 대한 이야기를 중심으로 세대와 세대 사이의 역사적인 전승과정을 통해 인류에게 영향을 미치게 된다.

③ **관습적인 상징이나 행동들**: 융은 '많은 문명인들에게 크리스마스트리의 의미나 부활절의 채색 달걀의 의미를 물어봐야 시원한 대답을 들을 수 없을 것이다. … 그 까닭은 많은 문명인들이

왜 그렇게 해야 하는지 알지 못하고 단지 절기에 따라 그렇게 하고 있는 것뿐이기 때문'(110쪽)이라고 말했다. 하지만 이런 전통이나 관습들 역시 그 시작이 어땠는지는 알 수 없으나 현재로서는 원형과 거의 상관이 없다. 크리스마스트리와 채색달걀의 원형을 해석하려는 노력 없이도, 똑똑한 사람들이나 인터넷에 물어보면 그것들의 의미를 금방 알게 될 것이다.

사실상 융이 오늘날의 현대인에게 원형이 영향을 미치고 있다는 근거로 들고 있는 사례들은 원형이 아니라 문화적 상징이나 전통의 영향력을 보여주고 있다. 융 자신도 인류가 공통적으로 가지고 있는 모티프에 대해 '확실한 것은 모든 세대가 앞 시대로부터 전승으로 그것을 물려받아 알고 있다는 점이다'(106쪽)라고 강조한 바 있다. 이렇게 그 역시 집단적 이미지나 모티프가 자연적 상징이 아니라 문화적 상징, 말과 글, 전통과 관습, 교육 등에 의해 전승되고 있음을 인정하고 있다. 따라서 선사시대를 지나 인류역사가 출현한 이후부터는 대부분의 집단적 이미지와 모티프가 원형과는 상관없이 사회역사적 맥락을 통해 후세대에게 전달되어 왔다고 봐야 한다.

만일 원형의 개념을 원시적인 집단적 이미지로만 한정하고 그것이 유전된다고 주장하더라도 나는 그것을 굳이 반대하고 싶지는 않다. 그럴 가능성도 있으니까. 하지만 그렇게 유전되어 내려온 원형이 오늘날의 인류에게는 그다지 의미 있는 영향을 미치지 못한다는 것 또한 분명한 사실이다. 사람은 다양한 사회적 동기를 가지고 목적의식적으로 사회생활을 하는 존재이다. 반면에 원형이 촉발할 수 있는 힘이란 기껏해야 원초적인 감정과 그것에 연관된 단순한 반응들에 불과하다. 따라서 이런 감정과 반응양식이 사람에게 미치는 영향을 모조리 배제할 필요까지는 없겠지만 그것을 타당한 근거 없이 과대평가할 까닭도 없다.

융이 들으면 몹시 상심할지도 모르겠지만, 원형은 이미 인류의 문화유산 속에 다 녹아내려 지금은 그 흔적이 거의 남아 있지 않은 것 같다. 그런 의미에서 원시적 심상은 원형이 아니라 고태의 잔재로 다시 바꿔 부르는 게 나을 것 같다. 프로이트는 원형 혹은 집단무의식을 강조하는 융을 다음과 같이 비판했다.

> 나는 개체발생적인 가능성을 다 살펴보기 전에 계통발생적으로 설명하는 것은 오류라고 생각한다. 나는 조상 시대의 거의 알지 못하는 역사의 중요성은 자유롭게 인정하면서 왜 유아시대의 알지 못하는 역사의 중요성은 고집스럽게 의심하는지 이유를 알지 못하겠다. (프로이트, 1918, 「늑대인간— 유아기 신경증에 관하어」, 『프로이트 전집 9』, 열린책들, 311쪽.)

나도 이 비판에 기본적으로 동의한다. 다음과 같은 한 가지 단서를 덧붙이는 조건으로…. '유아시대의 알지 못하는 역사만이 아니라 그가 속해 있는 사회역사 그리고 그의 전체적인 개인사도 알아야 한다!'

사람에게 영향을 미치는 요인들은 사회역사에도 있고, 개인사에도 있고, 유아기에도 있다. 좀 도식적으로 말하자면 보편적인 사람을 이해하려면 사회역사가 더 중요하고, 개별적인 사람을 이해하려면 개인사가 더 중요하다고 할 수 있다. 또 아주 특별한 경우에는 유아기가 더 중요할 수도 있다. 어쨌든 사람에게 영향을 미치는 이런 요인들을 다 고려해도 전혀 해답이 나오지 않으면, 그때에 가서 원형을 한번 들여다보는 게 순서적으로 옳다. 원형이나 계통발생적인 요인은 우선적인 고려대상이 아니라 맨 뒷자리에 서 있어야 하는 부차적인 요인이기 때문이다.

융은 '도토리에서 나온 싹이 나중에 떡갈나무가 되고, 파충류가 포유류로 진화한 것과 마찬가지로 마음도 성장하고 진화함으로써 오늘날의 의식 상태까지 이르렀다'(120쪽)고 하면서, 원형을 무시하지 말라고 목소리를 높였다. 그러나 착각하면 안 된다. 도토리의 싹은 떡갈나무가 아니고, 파충류는 포유류가 아니다. 또한 도토리 싹의 잔재 그리고 파충류의 흔적은 떡갈나무와 포유류에 별 영향을 주지 못한다. 마찬가지로 원시인은 오늘날의 인류가 아니며, 원시인의 심성은 오늘날의 인류에게 거의 영향을 주지 못한다. 게다가 융은 원시인의 심성이 도대체 무엇인지 명확히 밝힌 적도 없지 않은가!

이율배반적인 무의식 개념

프로이트를 비롯한 대부분의 유럽 지성들이 그랬던 것처럼, 융 역시 '의식'을 이성적인 사고와 동일한 것으로 취급하고 있다. 이는 미개 민족과 현대인은 '의식 발달 단계'가 다르다거나 '논리적인 분석은 의식의 특권'이라는 말을 보더라도 잘 알 수 있다. 의식을 이성적인 사고와 동일시하면, 어린아이나 미개인은 의식 발달이 낮은 단계에 머무르고 있는 반면 어른과 현대인은 의식 발달이 높은 단계에 도달해 있다고 말할 수 있기 때문이다.

그렇다면 융은 무의식을 어떻게 이해하고 있었을까? 융에 의하면 무의식이란 '생각나지 않는 상태'이다.

> 〈생각나지 않는 상태〉는, 생각이 무의식이 되었기에, 또는 적어도 잠깐이나마 의식에서 분리되었기 때문에 생기는 현상이다. … 이처럼 무의식의 한 부분은 일시적으로 불명확하게 되어버린 생각이나 인상이나 이미지가 겹쳐 이루어진다. 이러한 생각과 인상 및 이미지는, 사라져버린 것인데도 불구하고 의식 부분에 영향을 계속 미친다.(41~42쪽)

이 정의에 의하면 단기간이든 장기간이든 간에 현재 시점에서 의식할 수 없는 모든 것은 무의식이 된다. 융은 순간적으로 생각이 나지 않는 것을 포함하는 단순한 망각 그리고 다른 것에 정신이 팔려 의식에서 일시적으로 사라지는, 주의력 상실로 인해 의식하지 못하는 정신현상을 무의식으로 간주했다. 나아가 그는 프로이트가 강조했던 억압된 의식들까지도 모두 무의식에 포함시키고 있다. 의식할 수 있는가 없는가에 따라 의식과 무의식을 구분하는 이런 견해는 가장 보편적인 것이며 의식과 무의식을 구분하는 프로이트의 서술적 기준과 동일하다.

정신이 무의식화하는 까닭이 '의식에는 … 들어설 자리가 없기 때문'(49쪽)이라거나 '〈잊어버린다〉고 하는 것은 … 지극히 정상적인 일이며 반드시 필요한 일'(49쪽)이라는 말이 보여주듯이, 융은 자리가 부족해 의식에서 밀려남으로써 현 시점에서 의식되지 않고 있는 정신을 모두 무의식으로 간주하고 있다. 따라서 의식과 무의식 사이의 경계선은 지극히 유동적이며 의식과 무의식은 어렵지 않게 상호전화할 수 있다.

의식적인 내용이 무의식 속으로 사라지는 것과 마찬가지로 새로운 내용물이 무의식에서 〈솟아오르는〉 경우도 있다.(50쪽)

만일 무의식이 단지 의식되지 않는 의식 혹은 정신일 뿐이라서 의식과 무의식이 쉽게 뒤바뀔 수 있다면 의식과 무의식은 내용적으로 차이가 없어야 한다는 결론이 나온다. 왜냐하면 의식은 의식되지 않는 순간 무의식으로 변하고 무의식은 의식되는 순간 의식으로 변할 터인데, 그때마다 내용이 바뀔 거라고 볼 이유가 없기 때문이다. 융은 의식과 무의식이 내용적으로 다르지 않다고 보았을까?

이 잠재된 내용물은, 모든 충동, 욕구, 의도, 모든 지각과 직관, 합리적 혹은 비합리적 사고, 결론, 귀납, 연역, 전제, 그리고 그 밖의 다양한 감정으로 이루어진다. 이 가운데 일부가, 또는 이 모두가 합해져 부분적이거나 일시적이거나 영속적인 무의식의 형태를 취한다.(49쪽)

융에 의하면 무의식은 의식과 마찬가지로 동기, 감정, 사고 등 모든 정신적 내용을 포괄할 수 있는데, 이 중 일부는 영속적인 무의식이 되고 다른 일부는 일시적으로 무의식이 되었다가 다시 의식이 되기도 한다. 이렇게 융은 프로이트와는 달리 무의식의 핵심을 억압된 동물적 본능으로 보지 않았으므로, 무의식은 의식과 내용적으로 다르지 않으며 따라서 그것은 선할 수도 악할 수도 있다고 말했다.

비록 내용적으로는 의식과 무의식에 차이가 없지만 그 사고방식은 서로 다르다. '꿈이 전하는 언어는 우리의 마음이 의식적으로 하는 말과는 다르다'(52쪽)는 언급에서 알 수 있듯이, 융은 프로이트처럼 의식의 언어와 무의식의 언어가 서로 다르다고 생각했다.

> 꿈속에서는 서로 모순되거나, 우스꽝스러운 이미지가 꿈꾸는 사람에게 쇄도해온다. … 깨어 있을 때는 이렇듯 사고에 정돈된 질서를 부여하는 우리인데, 그런 우리 무의식의 내용물은 그와 전혀 다른 방식으로 구성된다 … 꿈을 깨어 있을 때의 경험에 견주어 생각하면 도무지 의미가 파악되지 않는다.(53쪽)

꿈 혹은 무의식이 말하는 의미를 파악할 수 없는 것은 무의식이 '원형의 문법에 따라 표현'되기 때문이다.

> 꿈은 시적이다. 꿈에서는 병든 몸은 인간이 사는 금생의 집으로, 열은 그것을 파괴하려는 불꽃으로 나타난다. … 무의식은 미지와 다를 바 없는 성질을 지닌 것을 직관적으로 파악하고 원형적으로 처리한다.(115쪽)

융이 말하는 '원형적 문법' 혹은 '원형적 처리'란 곧 시각적이거나 회화적인 표현 나아가 상징적인 표현을 의미한다. 프로이트는 꿈이 시각적이고 상징적인 표현을 주로 사용하는 이유를 의식과는 달리 무의식이 비언어적인 사고를 한다는 데서 찾았다. 즉, 꿈은 무의식의 정신활동이므로 언어적 사고 이전의 사고방식인 시각적인 사고를 하고, 검열에 의해 그런 경향이 한층 강화된다고 보았던 것이다. 이에 반해 융은 원형적 문법 때문에 꿈이 시각적이고 상징적인 표현을 한다고 주장했다. 그렇지만 그는 원형적 문법이 무엇인지를 명확하게 정의하지 않아서, 우리는 그저 원형이 집단적 이미지이므로 원형적 사고란 시각적인 사고를 말하는 것이려니 하고 추측할 수밖에 없다.

지금까지 살펴보았듯이 프로이트와는 달리 융은 의식과 무의식이 내용적 차이가 아니라 단지 의식되느냐 그렇지 않느냐에 따라 구분되는 것이라고 주장했으므로, 무의식은 의식과 내용적으로 차이가 없을 뿐만 아니라 언제라도 의식화될 수 있다고 말해야 앞뒤가 맞는다. 그러나 융은 무의식 깊은 곳에 원형이 존재하며, 그것은 의식화될 수 없다고 말함으로써 일종의 자가당착에 빠지게 되었다. 융에 의하면 원형은 의식상에는 존재할 수 없으며, 꿈의 상징이 아니고서는 거의 의식화되지도 않는다. 이런 원형이 무의식의 심층부에 자리 잡은 채 무의식적 사고에 원형의 문법을 강제할 정도로 큰 영향력을 행사하고 있다면 무의식은 의식과 내용적으로 다를 뿐만 아니라 쉽게 의식될 수도 없는 것이어야 한다. 그런데 이것은 의식되느냐 의식되지 않느냐에 따라 의식과 무의식을 구분하는 견해와는 모순된다. 이런 딜레마는 프로이트도 고스란히 겪었다. 그는 초기에 의식과 무의식을 '의식되느냐 되지 않느냐'라는 서술적 기준에 의해 구분했으나, 후기로 가면서는 무의식의 핵심을 '억압된 동물적 본능'으로 보기 시작했다. 그러자 이것은 서술적 기준으로 의식과 무의식을 나누는 입장과 정면으로 충돌하게 되었다. 왜냐하면 무의식, 즉 억압된 동물적 본능은 의식과 내용적으로 다를 뿐만 아니라 의식화되기가 매우 어렵기 때문이다. 그래서 프로이트는 정신을 의식과 무의식으로 구분하는 견해를 포기하고 정신을 '이드-자아-초자아'로 구분하는 새로운 정신구조론을 주장함으로써 이 딜레마를 해결했다. 반면에 융은 마지막 저작에서조차 의식과 무의식이 내용적으로 다르지 않으며 양자가 쉽게 상호전화할 수 있다고 말하고는, 이와 동시에 무의식의 핵심에 원형이 있다고 함으로써 무의식이 의식과 내용에서도 사고방식에서도 다르며 의식화되기가 매우 어렵다고 말하는 전혀 아귀가 맞지 않는 모순적인 주장을 하고 있다. 이렇게 융은 최후의 저작에서 원형이론이든 의식과 무의식에 관한 이론이든 간에 최소한 두 가지 중에서 하나는 잘못임을 스스로 드러내고 있다.

융은 '꿈의 상징이 대체적으로, 의식적으로는 제어할 수 없는 심리세계를 그대로 보여주고 있음을 알아야 한다'(93쪽)면서, 사람이 자신의 무의식을 제어하거나 통제하기란 매우 어렵다고 강조했다.

> 우리는 〈자신을 다스릴 수 있다〉고 말한다. 그러나 자기 통제라는 것은 그렇게 쉬운 일이 아닌 대단한 미덕에 속한다.(28쪽)

융에 의하면 무의식을 의식할 수 없는 것, 무의식을 통제하기 어려운 것은 사람의 '내적인 행동 동기'는 '심층에 있는 심원한 원천에서 비롯'되는데, 그 원천은 '의식이 만든 것도, 의식의 통제를 받는 것도 아니'기 때문이다.(121쪽) 그런데 심층에 있는 심원한 원천이란 융의 이론을 탁탁 털어서 보건대, '원형'일 수밖에 없다. 즉, 의식의 손길이 전혀 닿지 않는 이 원형이 사람의 내적 동기를 규제하기 때문에 사람은 결국 무의식의 지배를 받는 존재라는 결론이 나온다는 것이다. 융은 이렇게 비록 사람들은 모르고 있지만, 개개인과 인류를 기저에서 움직이고 있는 것은, 놀랍게도 원시시대의 집단적 이미지에 불과한 원형이라고 믿었다. 그렇기에 '〈뜻이 있는 곳에 길이 있다〉는 격언은 현대인의 미신이다'(121쪽)라는 발언까지 할 수 있었을 것이다.

프로이트는 사람의 기본동기가 성 본능과 죽음 본능이라고 선언했다. 이에 비해 융은 사람의 기본동기가 원형 혹은 집단무의식이라고 주장했다. 물론 두 사람의 주장은 모두 다 잘못이지만 굳이 도토리키재기를 해보자면 차라리 프로이트가 융보다는 나은 것 같다. 왜냐하면 그는 적어도 정신분석학의 기둥인 성 본능이 무엇인지에 대해서는 나름대로 명확한 정의를 내렸지만 융은 분석심리학의 기둥이라고 할 수 있는 원형이론을 아주 애매모호한 상태로 방치해놓았기 때문이다. 그러니 우리는 심층에 있는 심원한 원천, 즉 원형이 추동하는 힘에 대해 다음과 같은 설명을 접하더라도 놀라면 안 될 것이다.

고대 신화에서는 이 힘을 〈마나〉, 정령, 악마, 혹은 신이라고 부른다. 이러한 힘은 옛날과 마찬가지로 지금도 존재하면서 활동한다.(121쪽)

고대에 악마나 신으로 불리곤 했던 무의식 깊은 곳에서 나오는 힘, 융에 의하면 그것이 바로 원형의 힘이다. 그리고 고대에 악마 들린 사람이나 신들린 사람으로 불렸던 바로 그 원시인이 바로 오늘날의 인류의 정신 안에 살아 숨 쉬면서 인류를 알게 모르게 조종하고 있다. 믿거나 말거나, 융은 이렇게 '무엇인지 정확히 알지 못하는 그 무엇인가가 어떤 메커니즘에 의해서인지는 모르지만 우리를 지배하고 있다'는 알 수 없는 주장을 하고 있다.

6

마음의 분열과 무의식화

프로이트가 신경증의 대가라면 융은 정신분열증의 대가이다. 그래서인지 프로이트는 신경증 환자, 융은 정신분열증 환자의 심리를 자기들의 이론에 적극 반영했고, 사회적인 문제들 역시 그것에 기초해서 설명하곤 했다. 그런데 정신분열증 환자의 심리 중에서 특징적인 것 중의 하나는 사고 혹은 인격이 분열되어 있다는 것이다. 어쩌면 '마음의 분열'에 대한 융의 아이디어는 여기에서 비롯되었을지도 모른다. 그는 사람의 마음이 대극적인 구조로 분열되어 있다고 주장했는데, 특히 의식과 무의식이 그렇다고 말했다.

정신적 안정을 위해, 나아가서는 생리적 건강을 위해 의식과 무의식은 총체적으로 연결돼 있어야 하고 서로 평행을 이루면서 작용해야 한다. 만일 이 양자가 서로 분리되거나 〈분열〉되면 심리적 장애가 오게 된다.(70쪽)

이 말에서 알 수 있듯이, 의식과 무의식은 분리되거나 분열되면 안된다. 만일 그렇게 된다면 단지 사고의 분열 —사고의 일관성과 논리성이 파괴되는 것을 의미한다. — 만이 아니라 '정신의 분열을 통해 … 정체성을 잃는'(28쪽) 인격 분열의 수준으로까지 나아갈 수 있기 때문이다.

정신분열은 아니더라도 '의식과 무의식의 사이'가 자꾸 벌어지는 '신경증적 분열상태'가 되면 '삶이 부자연스러워지고 필경은 건강한 본능과 자연과 진실에서 자꾸만 멀어'(66쪽)질 수 있다. 이러한 상태가 한층 악화되면 '정신상태가 균형을 잃은 사람'이 되는데, 이들의 '의식은 한쪽으로만 치우쳐 있는데, 바로 이러한 의식은 마찬가지로 한쪽으로 치우친, 비합리적인 혹은 〈미쳐버린〉 무의식과 단절'(71쪽)되게 된다. 예를 들면 의식이 우월감 쪽으로 치우칠수록 무의식은 열등감 쪽으로 치우치게 되어 서로가 단절되게 된다는 것이다. 물론 잘못된 견해이지만 융은 정신분열증의 전문가답게 '인류의 세계는 신경증 환자의 정신처럼 분열되어 있는데 〈철의 장막〉은 바로 이쪽과 저쪽 사이에 있는 상징적인 선이라고 할 수 있다'(123쪽)고 하면서, 2차 세계대전 이후의 동서냉전 현상까지도 정신분열증으로 설명하기를 주저하지 않았다.

지금까지 살펴본 대로 융은 정신 혹은 마음의 분열을 나쁜 것, 즉 정신건강에 해로운 것으로 간주했다. 그러나 이와 동시에 그는 분열 혹은 분리 ―융은 분열과 분리를 유사개념으로 혼용해 사용하고 있다.― 가 정상적인 정신현상이라는 모순적인 언급을 남기고 있다.

자기 마음의 일부분을 분리시킬 수 있는 것은 유익한 능력에 속한다. 이런 능력을 통해 우리는 우리의 주의를 끄는 여타의 일은 무시한 채 한 번에 한 가지 일에만 정신을 집중할 수 있는 것이다.(29쪽)

융은 정신장애의 분열증세만이 아니라 의식이 주의를 기울이지 않아서 단순히 무의식화되는 것까지도 '분열'에 포함시키고 있다. 여기에서 알 수 있듯이, 그는 '분열 혹은 분리'를 다음과 같은 두 가지 의미로 사용하고 있다. 첫째 정신분열증에서 볼 수 있는 사고나 인격의 전형적인 분열현상. 둘째, 의식에서 사라져 무의식화되는 것. 그러나 이 두 가지는 전혀 다른 별개의 정신현상이므로 어떤 경우에도 '분열'이라는 하나의 개념에 통합될 수 없다. 왜냐하면 사고나 인격이 파편화되고 균열을 일으키는 정신병리 현상은 분열이 맞지만 주의를 기울이지 않아 의식에서 잠깐 사라지는 정상적인 현상은 분열이 아니기 때문이다. 따라서 전자의 경우에는 분열이나 분리라는 개념을 사용해야 하지만 관심이나 주의를 다른 것에 돌리는 정상적인 정신현상인 후자의 경우에는 그 개념을 사용하면 안 된다. 이론가로서의 융의 가지는 치명적인 약점 중의 하나가 바로 어떤 개념을 무분별하게 여기에도 갖다붙이고 저기에도 갖다붙이는 비일관성과 혼란스러움인데, 이 '분열'이라는 개념 역시 예외가 아니다. 이 점을 염두에 두고 다음의 글을 한번 살펴보기 바란다.

> 인격의 분리(혹은 양분) 현상은 병적인 징후가 아니라 언제 어디에서든 볼 수 있는 지극히 정상적인 현상이다. 왼손이 하는 일을 오른손이 모르더라고 해서 그 사람을 신경증 환자라고 할 수는 없다. 이런 현상은, 지극히 일반적인 무의식적 징후이며 거부하기 어려운 인류 공통의 유산이다.(25쪽)

아마 이제는 위의 말이 왜 잘못인지를 쉽게 이해할 수 있을 것이다. 여기에서 융이 지칭하고 있는 '인격의 분리 현상'은 실제로는 정신 혹은 인격의 분열이나 분리와는 아무 상관도 없다. 그것은 단지 관심이나 주의가 딴 데로 돌려져서 일순간 의식하지 못하고 있는 상태를 의미한다. 그러니 융은 인격의 분리를 '지극히 정상적인 현상', '지극히 일반적인 무의식적 징후'라고 감히 말할 수 있었던 것이다. 만일 융이 분열 혹은 분리를 앞에서 언급했던 정신장애 이론에서 사용하는 분열의 의미로 사용하고 있다면, 인격의 분리는 정신병의 증세는 될지언정 절대로 '인류 공통의 유산'이 될 수는 없다.

나는 의식과 무의식 사이의 소통이나 상호전화가 어려운 문제에 대해서는 분열이나 분리라는 개념을 사용하면 안 된다고 생각한다. 왜냐하면 그것은 프로이트가 말한 억압이라는 개념으로 설명하는 것이 훨씬 알기 쉽고 정확하기 때문이다. 예를 들면 어떤 기억이 의식화되지 않는 것은 그것이 고통스러운 감정을 유발하기에 억압되어서라고 말하면 충분한데, 그것을 굳이 그 기억이 의식에서 분열되었다는 식으로 표현할 까닭이 없는 것이다. 게다가 융은 의식과 무의식을 마치 정신기관처럼 취급하는 정신구조론을 주장한 프로이트와는 달리 의식과 무의식을 단지 의식되느냐 의식되지 않느냐에 따라서 구분했고 또 양자가 쉽게 상호전화할 수 있다고 강조했다. 따라서 프로이트라면 몰라도 융은 의식으로부터의 무의식의 분열이나 분리라는 말을 할 처지에 놓여 있지 않다. 의식 혹은 무의식은 독자성을 가진 어떤 인격체도 아니고, 뇌 안에서 특정한 땅을 차지하고 있는 영역도 아니며, 그 어떤 정신기관도 아니다. 무의식은 단지 의식화되지 않는 정신적 내용과 정신 과정을 지칭하기 위해 사용하는 심리학적 개념일 뿐이다. 따라서 무의식의 일부가 억압되어 의식화되지 않을 수는 있어도 의식과 무의식 사이의 분열이란 실제적으로도 이론적으로도 있을 수 없다. 참고로 정신분열증은 의식과 무의식의 분열이 아니라 현실성을 상실함으로써 사고의 논리성이 파괴되는 것과 관련이 있다는 점도 지적하고 싶다.

그림자와 무의식의 보상기능

융은 의식이 한쪽으로 치우치면 그와 반대되는 경향이 무의식에 억압된다고 하면서 그 억압된 경향을 그림자(shadow)라고 명명했다. 예를 들면 의식적으로 지나치게 외향적인 사고와 행동을 하면 내향적인 특성들이 무의식에 억압되어 그림자가 된다는 것이다. 그림자가 억압의 결과물임은 다음 언급에 잘 나타나 있다.

이러한 경향들은 우리 의식 속에 결코 떨쳐낼 수도 없고 잠재적인 파괴력을 지닌 〈그림자〉를 드리운다. 어떤 상황에서는 유익할 수 있는 경향도, 일단 억압을 받으면 도깨비 같은 모습으로 탈바꿈한다.(138쪽)

억압에 의해 무의식에 드리워진 그림자는 의식의 편향된 태도를 교정하려고 하는데, 융은 이를 '무의식의 보상적 기능'이라고 말했다. 무의식에 이런 기능이 있는 것은 사람의 정신은 의식과 무의식 사이의 균형을 비롯해 심적 평형 혹은 균형을 추구하는 경향을 가지고 있기 때문이다. '꿈이 보상을 겨냥하고 있다'(98쪽)는 말에서 알 수 있듯이, 무의식의 보상기능은 주로 꿈을 통해 실현된다.

꿈의 일반적인 기능은 꿈 소재를 산출함으로써 심적 평형을 회복시키는 데 있다. 꿈은 이로써 섬세한 방법으로 심리적인 균형을 이루게 한다. 나는 이것을, 우리 심리 구조에서의 꿈의 보상적 역할이라고 부른다.(66쪽)

융이 제시하고 있는 사례를 통해 꿈의 보상기능을 간단히 설명하면 다음과 같다. 스스로를 과대평가하고 과시하는 데 열중하는 어떤 사람이 하늘을 날거나 추락하는 꿈을 꾸었다. 이때 하늘을 날거나 추락하는 것은 꿈을 꾼 이가 비현실적인 목표를 추구하고 있거나 그런 상태에 있다는 것을 상징하므로, 이 꿈은 스스로를 과대하게 부풀리며 과시하고 있는 의식에 대해 무의식이 경고를 보내는 것으로 해석할 수 있다. 이런 식으로 무의식은 꿈을 통해 의식의 편향된 태도를 교정하고 보상하려고 한다는 것이다. 그렇다면 무의식의 보상기능에 근거한 이런 해석이 과연 타당한 것일까? 아마 프로이트라면 이 꿈을 달리 해석했을 수도 있다. 예컨대 그는 하늘을 날거나 추락하는 것을 스스로를 과대평가하고 과시하려는 무의식적 동기와 그런 허황된 짓을 하는 자기를 처벌하려는 무의식적인 도덕적 동기가 갈등을 일으킨 결과로 해석할지도 모른다. 다시 말해 스스로를 과대평가하는 사람은 그런 자기 모습을 싫어하고 혐오할 수 있는데, 그것을 인정할 수가 없어서 무의식에 억압하고 있다가 꿈을 통해 표현되었다고 해석할 수 있다는 것이다.

이 예를 통해서 짐작할 수 있겠지만, 프로이트는 사람의 사고와 행동을 지배하는 동기나 태도가 기본적으로 무의식적이라고 본 반면 융은 그것을 의식적이라고 보고 있다. 그러므로 자기를 과대평가하는 사람을 보게 되면 프로이트는 이렇게 말할 것이다. "저 사람의 무의식에는 심한 자기과시욕이 있군." 반면에 융은 이렇게 말할 것이다. "저 사람의 의식에는 심한 자기과시욕이 있군." 과연 누가 맞는 것일까? 다음은 프로이트와 융의 억압이론을 비교한 표이다.

	자기과시욕	반대(자기처벌) 욕구	결과
프로이트	무의식적 동기	무의식적 동기	무의식적 갈등
융	의식적 동기	그림자(무의식)	무의식의 보상기능

일반적으로 자기를 과대평가하는 사람은 자기가 스스로를 과대평가하고 있다는 사실을 거의 의식하지 못하고 있으며, 자기과시적인 말과 행동을 의식적으로 하지도 않는다. 예를 들면 자기에 대한 과대평가와 자기과시의 화신인 나르시시스트는 무의식적으로 자기를 과대평가하고 자기과시를 하는 것이지 의식적으로 그런 생각과 행동들을 하는 게 아니다.(그것을 전혀 의식하지 못한다는 뜻이 아니다.) 자기를 과대평가하거나 과시하려는 동기는 그들에게 너무나 고질적이고 체질적이다. 즉 그것은 이미 강력하게 무의식화되어 있는 동기인 것이다. 이 같은 입장에 기초해 지나친 우월감을 드러내는 사람의 심리적 흐름을 도식화하면 다음과 같다.

• 뿌리 깊은 열등감 → 열등감을 보상하려는 동기 → 우월감의 과도한 표출

우월감을 반복적으로 드러내는 사람의 경우 위와 같은 흐름은 때때로 의식되기도 하지만 대체로 무의식적으로, 자동적으로 진행된다. 반면에 융은 이런 흐름과 정반대되는 다음과 같은 흐름을 주장하고 있다.

- 우월감의 과도한 표출(의식) → 열등감이 무의식에 억압됨(무의식) → 우월
  감을 교정하려는 꿈을 꿈(무의식)

  외향적인 사고와 행동, 자기과시적인 사고와 행동 등이 의식적인
태도나 노력에서 비롯된다는 융의 견해는 오류이다. 또한 그런 사람
들의 의식이 반대되는 경향인 내향적인 사고와 행동, 겸손한 사고와
행동 등을 무의식에다 집어넣고 억압해서 그림자를 만든다는 주장
역시 잘못이다. 그림자 혹은 억압을 유발할 정도로 한쪽으로 치우쳐
있는 사고와 행동이란 이미 무의식화되어 있는 것일 수밖에 없다. 나
아가 융이 말하는 그림자란, 실제로는 이미 무의식화되어 있는 외향
적이거나 자기과시적인 태도가 잘못된 것임을 어렴풋이나마 깨달음
으로써 그것을 보상하거나 비판하려는 동기가 생기기는 했지만, 그
것이 전면적으로 의식화되지 못하고 있는 상태를 묘사한 것일 뿐이
다. 이런 점에서 그림자란 편향된 의식이 무의식에다 드리우는 게 아
니라 편향된 무의식이 역시 무의식에다 만들어낸 반대동기라고 할
수 있다. 열등감이 심한 사람 ─열등감이 심하다는 것은 그것이 이미
무의식화되어 있다는 뜻이기도 하다.─ 이 그것을 보상하려는 강한
무의식적 동기를 가지게 되는 것처럼.
  그림자와 무의식의 보상적 기능에 관한 이론의 전제는 의식과 무
의식이 분열될 수 있다는 가정이다. 그러나 앞에서 살펴보았듯이 의
식과 무의식의 분열이라는 견해 자체가 오류이므로 그림자와 무의
식의 보상적 기능에 관한 이론 역시 오류일 수밖에 없다. 다시 한 번
강조하건대 의식과 무의식은 분열될 수 없으며 ─만일 그것이 가능

하다면 의식의 무의식화, 무의식의 의식화는 불가능하므로 정신활동은 전면적으로 붕괴될 것이다.— 의식이 무의식에다 의식을 보상하려는 그림자를 만드는 일도 있을 수 없다.

　융의 주장과는 달리 사람들이 가지고 있는 기본적인 태도는 구태여 의식할 필요가 없기 때문에 대체로 의식이 아니라 무의식에 자리잡고 있는 게 정상이다. 다만 그것이 건강하지 않을 경우 사람들은 그 건강하지 못한 무의적적 태도를 교정하려는 (의식적이거나 무의식적인) 반대동기를 가질 수 있다. 그리고 그런 동기는 꿈을 통해 표현되기도 하고 노력 여하에 따라 의식할 수도 있다. 그렇기 때문에 그림자와 무의식의 보상기능에 대한 융의 이론은 좀 심하게 말하면 프로이트의 억압이론을 잘못된 가정에 기초해 비정상적으로 비틀어놓은 말장난에 지나지 않는다고 할 수 있다.

불가지론과 상대주의

　프로이트가 가지론(可知論)의 신봉자라면 융은 불가지론(不可知論)의 신봉자이다. 프로이트는 사람이 세상을 인식할 수 있으며 따라서 인류가 가진 가장 중요한 무기인 과학이 인류를 궁극적인 진리로 인도해줄 것이라고 믿었다. 그러나 불가지론자인 융은 사람은 세계를,

진리를 인식할 수 없다고 잘라 말했다.

인간이 무엇을 완전하게 지각한다거나 이해한다는 것은 불가능하다. … 감각은 주변 세계에 대한 인간의 지각을 제약한다. 과학기구를 통해 부분적으로 이러한 감각을 보충할 수는 있다. … 결국 어떤 기구를 사용하더라도 인간은 어느 시점에서인가 확연성의 범위를 벗어나게 되는 법이다. 말하자면 이 범위 밖으로는 인간의 의식적인 지식이 통과할 수 없는 것이다.(23쪽)

불가지론은 사람이 세계를 인식할 수 없다고 주장하는 관념론적 견해이다. 이 불가지론은 고대 철학에서 처음 나타나기 시작했고 18세기에 이르러 흄과 칸트에 의하여 계승되고 체계화되었다. 칸트는 사람의 의식 밖에 존재하는 '사물 그 자체'는 인정하였으나 사람의 인식능력이 제한되어 있기 때문에 그것을 인식할 수 없다고 주장했다. 그에 의하면 사람의 인식은 사물 그 자체에 침투할 수 없으므로 사람이 가질 수 있는 것은 세계의 본질에 대한 지식이 아니고 다만 현상에 대한 지식일 뿐이다. 융이 이러한 칸트의 불가지론을 충실히 계승하고 있음은 다음의 말이 잘 보여준다.

이 현실의 사상은 심적 사상으로 변하는데, 이 심적 사상의 궁극적인 정체는 알 수 없다(그 까닭은 우리의 마음 자체가 그 심적 실체를 알지 못하기 때문이다). 이처럼 우리의 경험에는 무수한 불가지적인 요소가 있는데다, 인간으로서는 물질 자체의 본질을 규명할 수도 없기 때문에 어떤 구

상적(具象的) 대상도 완전히 아는 것이 불가능하다.(24쪽)

사람이 세계를 인식할 수 없다고 주장하는 불가지론은 필연적으로 과학을 반대하는 주관관념론 철학인 철학적 상대주의로 귀결된다. 상대주의는 진리의 객관성과 절대성을 부인하면서 진리를 전적으로 상대적인 것으로, 주관적 체험을 반영한 자의적인 산물로 간주한다. 융은 어차피 어떤 것에 대한 완전한 인식이나 완벽한 정의는 불가능하기 때문에 '과학적인 이론은 사실을 증명해보려는 일시적인 시도에 지나지 않는 것이지, 만고불변의 진리일 수는 없다'(136쪽)고 강조했다. 물론 그의 말대로 진리는 상대적이다. 그러나 진리는 상대적인 동시에 절대적이기도 하다. 아인슈타인의 상대성원리가 밝혀졌다고 해서 뉴턴의 만유인력의 법칙이 깡그리 부정되는 것은 아니다. 즉 만유인력의 법칙은 상대적인 진리인 동시에 일정한 영역에서는 여전히 절대성을 가지는 진리인 것이다. 만일 모든 진리가 상대성만을 가진다면 학문이나 과학은 매번 백지 상태에서 출발해야 할 것이다. 그러나 모든 상대적인 진리는 일정한 영역에서는 절대성을 가지기 때문에 학문이나 과학은 기성 학문과 과학이 이룩한 성과를 발판으로 삼아 그것을 계승하고 혁신하는 방식으로 발전해나간다.

프로이트는 진리의 객관성과 절대성을 부인하는 상대주의를 정치적 무정부주의의 철학적 버전이라고 평하면서 신랄하게 비판했다. 만일 진리가 단지 자의적인 산물에 불과하다면 '돌로 다리를 만들 수 있는 것처럼 딱딱한 마분지로도 다리를 만들 수 있을 것'(238쪽)이라는 그의 야유는 상대주의의 비현실성을 정확하게 타격하고 있다.

불가지론과 상대주의는 진리의 영원한 적이다. 다음과 같은 가상의 대화를 보면 왜 그런지를 알 수 있을 것이다.

> 융 사람은 무의식 깊은 곳에 잠복해 있는 원형의 지배를 받는다네.
>
> 질문자 그래요? 그 원형이라는 게 뭔데요?
>
> 융 원형의 본질이나 기원은 절대로 알 수가 없네.
>
> 질문자 왜요?
>
> 융 사람의 허접한 인식능력으로 원형을 완전히, 완벽하게 파악하는 건 불가능하니까. 또 설사 그것을 어느 정도 파악한다고 해도 그것이 진리인지도 알 수 없으니까.
>
> 질문자 원형이 뭔지도 모르는데, 그것이 사람과 인류를 지배하고 있다는 걸 어떻게 알지요?
>
> 융 물론 그것도 정확하게는 알 수 없다네.

상대주의자 융은 '전형적인 융 학파의 분석이라는 것은 존재하지 않'(14쪽)고, '모든 사람에게 고루 적용할 수 있는 치료이론이나 치료기술'도 '존재하지 않'(94쪽)으며, '원형에 붙은 명칭 따위는 대수롭지 않으며 그 원형들이 개인, 즉 나 자신과 어떻게 〈관계되어〉 있는지가 가장 중요하다'(145쪽)고 말했다. 한마디로 객관적이고 보편타당한 이론은 있을 수 없으며 오직 개인의 주관적 세계만이 중요하다는 것이다. 이런 융의 입장을 존중하려면, 그의 분석심리학 역시 진리가 아니므로 무시해도 아무 상관없다고 말해야 하는 걸까.

반이성주의와 원시인에 대한 동경

융은 '나는 문명이 사회를 발전시킨 결과 인류가 얻게 된 크나큰 이익을 부정하지 않는다. 그러나 그것은 인류가 이루 말할 수 없을 만큼 막대한 손해를 보면서 얻은 이익이다'(69쪽)라고 한탄했다. 그가 말하고 있는 '막대한 손실'이란 과연 무엇일까? 융에 의하면 막대한 손실이란 '끊임없는 비인간화', '도덕적·정신적 가치'의 상실이다. 이런 말만 들으면 그가 인간성이나 도덕성의 회복을 주창하는 것으로 오해할 수도 있을 것이다. 그렇지만 융이 강조하는 것은 통상적인 의미에서의 휴머니즘과는 사뭇 다르다. 왜냐하면 그는 원형의 자율성을 인정하자는 주장을 하고 있기 때문이다. 결론부터 말하자면 프로이트가 세상을 향해 '사람도 결국은 동물임을 인정하자'고 외쳤다면 융은 '사람이 원시인임을 인정하자'고 외쳤다고 할 수 있다.

융은 개인만이 아니라 인류까지도 무의식의 힘, 그가 원형이라고 불렀던 것의 힘에 의해 지배당하고 있다고 믿었다.

인류를 한 개인으로 본다면 인류 전체가 개인과 마찬가지로 무의식의 힘에 따라 움직인다는 것을 알 수 있다. 또한 인류는 개인처럼 자신의 문제를 분리된 서랍에 넣어 두고 싶어 하는 경향을 보인다.(123쪽)

융이 '분리'를 분열이라는 개념과 동의어로 취급하고 있음을 상기해보면, '자신의 문제를 분리된 서랍'에 넣어둔다는 것은 곧 의식과 무의식의 분열을 의미한다는 것을 알 수 있다. 이런 맥락에서 그는 '20세기 초엽의 목가적이며 무해했던 시대 … 이래로 우리 세계는 정신분열 증세를 보이고 있'(139쪽)다고 단언한다. 즉, 인류문명이 급속도로 발전하기 이전인 20세기 초엽까지만 해도 의식과 무의식은 분열되지 않았고 인류는 무의식에 있는 원형과 연결되어 있었다는 것이다. 이렇게 인류는 이성과 합리주의, 과학을 숭배하면서부터 이 '자율성을 지니고 있는' 무의식의 원형을 의식으로부터 분리 —프로이트 식으로 말하면 억압— 했는데, 어리석게도 그 같은 '자기의 분열 상태를 인식하지' 못하고 있다.(122쪽)

프로이트는 억압된다고 해서 성욕이 결코 사라지거나 그 힘을 잃을 수는 없다고 강조했는데, 융 역시 원형은 억압되거나 분리되더라도 사라지지 않으며 그 힘을 잃지도 않는다고 주장했다.

현대인은 합리적으로 움직이고 능률적으로 살고 있으면서도 자신이 제어할 수 없는 엄청난 어떤 〈힘〉에 얽매여 있다는 사실을 알지 못한다. 신이나 악마는 사라져 버린 것이 아니다. 새로운 이름으로 등장하고 있는 데 지나지 않는다. 신이나 악마는 현대인에게, 하루도 가실 날이 없는 막연한 불안이나 심리적인 갈등, 약물, 알코올, 담배, 먹을 것에 대한 끝없는 욕구 —그리고 무엇보다 갖가지 신경증— 으로 나타나고 있다.(121쪽)

도대체 원형이 무엇이길래 융은 불안, 심적 갈등, 약물, 알코올, 담배, 식탐, 갖가지 신경증이 모두 원형의 힘에 의해 발생한다고 주장하는 것일까? 또 원형의 힘과 접촉해야만 인류가 구원받을 수 있다고 믿고 있는 것일까? 물론 융이 말했던 것처럼 원형의 본질이 무엇인지는 절대로 알 수 없겠지만 그것이 대략 어떤 것인지는 다음의 말을 보면 짐작할 수 있다.

　　천둥은 더 이상 진노한 신의 음성이 아니고 번개는 더 이상 징벌의 화살이 아니다. 강에는 이제 요정이 없고, 나무는 더 이상 인간생명의 원리가 아니고, 뱀은 지혜의 구현자가 아니고, 산속 동굴은 귀신의 집이 아닌 것이다. … 이제 인간과 자연의 교감은 끝났다.(141쪽)

　결국 융이 말하는 원형이란 천둥을 진노한 신의 음성으로, 번개를 징벌의 화살로 인식할 수 있게 해주는 원시인다운 마음이다. 아마 이런 말을 들으면 과학적 세계관을 비타협적으로 옹호했던 프로이트는 '그따위 미신적인 사고를 믿으라는 것이냐?', '우리더러 원시인이 되라는 말이냐?'라고 하며 강하게 반발할 것이다. 그러나 융의 생각은 다르다. 그는 '초월적인 존재(하나든 여럿이든)와 내세의 삶이라는 관념은 아득한 옛날부터 있어 왔다. 이러한 관념 없이도 세상을 살아갈 수 있다고 생각하는 것은 현대인뿐'(127쪽)이라고 하면서, 프로이트의 말을 다음과 같이 반박할 것이다.

　　무엇 때문에 위기를 맞았을 때 우리에게 유익하다거나, 우리의 존재에 의미를 부여해준다는 견해를 거부해야 한단 말인가? … 증명이 불가능하다고 해도 그런 관념을 계발해나가야 하는 중요한 경험적인 이유는 있다. 그러한 관념이 유용한 것으로 판명되었다는 것이 바로 그 이유이다.(128쪽)

융이 말하고자 하는 바의 핵심은 비과학적 세계관이든, 미신이나 무당이든, 엉터리 학문이든지 간에 그것이 자기한테 유익하면 그만이라는 것이다. 즉 사람들이 좋다고만 하면 미신을 믿건 말건 상관하지 말고 그냥 내버려두라는 것, 그놈의 과학 타령 좀 그만하라는 것이다. 그는 '현대문명에 노출될 경우 미개인들은 자기네 삶의 의미를 상실하고, 그들의 사회조직은 붕괴되며, 결국 그들은 도덕적으로 무너지고 만다'는 문화인류학자들의 연구결과를 거론하며 '우리가 바로 이런 상황에 처해 있다'(139쪽)고 경고하고 있다. 그렇다면 결국 융이 원하는 것은 무엇인가? 무엇을 하자는 말인가?

문명인은 자기야말로 아무런 내적 의미도 없는 인생을 사는 열등한 존재, 앞으로도 그렇게 살아야 하는 존재임을 인정하고 있다. 이들에게 견주어 푸에블로 인디언은 훨씬 만족스러운 삶을 산다고 할 수 있지 않은가.(129쪽)

아무리 물질문명의 혜택을 입어봤자 인생은 허무하고 고통스러우니까 차라리 푸에블로 인디언처럼 자연과 교감하는 미신적인 삶을 살자는 게 인류 앞에 내놓은 융의 참신한 대안이다. 즉, 더 이상은 무의식 깊은 곳에 웅크리고 있는 원시인을 박대하지 말고 그들과 합체함으로써 원시인과 일심동체가 되어 살아가자는 것이다. 이런 융의 허무맹랑한 주장을 접하다 보면 무의식에 귀를 기울이고, 꿈의 상징에 눈을 돌리라는 그의 충고조차 허황되게 느껴진다. 나아가 다음과 같은 프로이트의 비판이 조금도 과하지 않은 것 같다.

> 취리히 학파(융의 학파를 말한다: 저자 주)의 최근 저작들에서 우리는 분석이, 기대되었던 결과와는 정반대로 종교적인 관념들로 들어차 있는 것을 보게 된다.(89쪽)

진실을 외면하지 않는 사람이라면 누구나 알고 있듯이, 자연과 교감하면서 살았던 수많은 인디언들은 백인들에게 무참히 학살당하는 비참한 운명을 면치 못했다. 따라서 '원시시대로 돌아가자!'는 구호는 일부 현실도피자들에게는 쓸모가 있을지 모르나 그것을 받아들이는 사회집단은 인디언들의 운명을 반복하게 될 것이다. 인류가 전쟁을 일으키거나 자연환경을 파괴해 왔던 것은 원시인의 심성이 없어서가 아니라 제동을 걸지 못한 자본주의적 탐욕에 그 기본원인이 있다. 그렇기 때문에 인류는 그것이 무엇인지도 알지 못하는 원시인과의 교감 따위가 아니라 잘못된 사회제도와 문화를 변혁함으로써 행복한 삶으로 나아가야 할 것이다.

비록 심리학에 대한 융의 기여가 없지는 않으나 그의 이론, 특히 원형이나 집단무의식에 관한 이론은 진리가 아니라 종교적 소망에 가깝다. 반이성주의와 원시시대로의 회귀에 의해서는 꿈이나 정신장애를 제대로 해석하거나 치료할 수 없고, 올바른 심리학 이론을 정립할 수도 없으며, 인류가 안고 있는 난제를 풀 수 있는 해결책을 제시할 수도 없다. 그것은 불가지론과 상대주의가 아니라 객관적 현실에 튼튼히 발을 붙이고 있는 진리만이 할 수 있는 일이기 때문이다.

제3장

—

프롬

—

인간의 마음

ERICH FROMM

제1차 세계대전이 들씌운 참화의 흔적이 채 가시기도 전에 유럽에
서는 히틀러나 무솔리니 같은 광기어린 지도자들이 이끄는 파시즘
이 득세하기 시작했다. 그리고 그것은 일찍이 인류가 경험해보지 못
했던 파괴성와 잔인성을 보여준 제2차 세계대전과 대규모 인종학살
이라는 끔찍한 결과로 이어졌다. 이러한 일련의 사태는 서구의 지식
인들에게 커다란 정신적 충격을 주었으며 그들로 하여금 인간의 본
질에 대한 심각한 의문을 품게 만들었다.

　"가장 문명화된 사회라고 자부하던 서구유럽에서 어떻게 히틀러
나 무솔리니 같은 파시스트들이 정권을 잡을 수 있었을까?"

　"왜 수많은 대중이 파시스트에게 열광하고 그들이 내리는 부도덕
한 명령에 복종했던 것일까?"

　"사람에게는 어떤 악마적인 본성이 있는 게 아닐까?"

　현실이 제기한 이런 질문들을 붙들고 힘겨운 씨름을 벌였던 심리
학자 중의 하나가 바로 에리히 프롬이다. 그가 보기에는 만일 위의
질문들에 올바로 대답을 하지 못한다면 파시즘이나 대량학살 문제

를 이해할 수 없을 뿐만 아니라 제2, 제3의 히틀러가 등장하는 것을 막을 수도 없었다. 게다가 그가 이 주제에 천착하고 있는 동안에도 인류는 히틀러의 시대보다 훨씬 더 위험한 시대로 나아가고 있었다. 제2차 세계대전이 끝난 뒤에 세계는 인류를 완전히 절멸시킬 수 있는 핵무기로 무장한 미국과 소련이 서로 팽팽히 맞서는 동서냉전의 시대로 진입했다. 그러나 히로시마와 나가사키에 투하한 미군의 핵무기가 만들어낸 끔찍한 참상을 보았음에도 불구하고 핵무기를 반대하는 인류의 목소리는 미미했다. 프롬은 멸종을 향해 가고 있는 인류를 안타까운 마음으로 지켜보면서 이렇게 외칠 수밖에 없었다.

"왜 핵전쟁을 피하려는 노력이 그렇게도 미약한가 하는 절박한 의문을 품지 않을 수 없다."

『인간의 마음』(The Heart of Man, 1964)은 인류사가 제기한 핵심적인 질문에 대한 프롬의 대답이다. 그것은 무엇보다도 인류가 파시즘을 허용하게 된 까닭을 심리학적으로 규명하고 있고 나아가 사람의 본질, 특히 선과 악의 문제를 다루고 있기 때문이다.

프롬은 프로이트의 정신분석학과 마르크스주의를 접목시켜 사회현상을 설명하려고 했던 특이한 심리학자이다. 사실 미국의 주류 심리학자들이 이론적 한계와 사회에 대한 무지로 인해 미시적인 사회현상만을 피상적으로 다루고 있는 조건에서 거시적인 사회현상을 심층적으로 해명하려고 했던 프롬의 시도는 주목할 만한 가치가 있다. 그러나 프롬은 오늘날 심리학계로부터 놀라울 정도로 무시당하고 있다. 그는 한편으로는 정신분석학파에 의해 프로이트의 이론을 변형시키고 재구성하려 했다는 이유로 비정통파로 찍혀 외면당하고 있으며, 다른 편으로는 주류 심리학계에 의해 심리학에 마르크스의 사회과학 이론을 끌어들였다는 이유로 좌파로 몰려 배격당하고 있는 것이다. 비록 오늘날 주류 심리학계로부터 불공정한 푸대접을 받고 있지만 프롬의 이론이나 주장에는 상당히 가치 있는 것들이 존재한다. 독자들은 그것을 그의 저서인 『인간의 마음』을 통해서도 분명히 확인할 수 있을 것이다.

성선설과 성악설에 대한 심리학의 대답

아마 인류사에서 성선설과 성악설만큼 끈질긴 논쟁의 대상이 되어온 주제도 없을 것이다. 프롬은 심리학자의 입장에서 다시 한 번 '인간은 늑대인가, 양인가?'라는 질문을 던지고 있다.

> 인간은 늑대인가 양인가 하는 물음은 더욱 넓고 일반적인 측면에 있어서는 서양 신학 및 철학 사상의 가장 기본적인 문제 가운데 하나였던 물음, 즉 사람은 기본적으로 악하고 타락했는가, 또는 사람은 기본적으로 착하고 완전할 수 있는가 하는 물음의 특수한 표현에 지나지 않는다.[에리히 프롬, 1964, 인간의 마음(The Heart of Man), 문예출판사, 2002, 20쪽; 이하 이 장에서 쪽수만으로 인용.]

서양에서는 '인간은 인간에 대해 늑대'라는 유명한 말을 남긴 홉스나 사람의 타고난 사악함과 타락을 강조했던 종교개혁가 루터 등이 성악설을 지지했다. 한편 동양에서 성악설의 원조는 고대 중국의 순자(순경)이다. 그는 사람의 본성은 악하여 언제나 개인의 이익과 욕심을 추구하는 데로 나아가므로 착한 도덕적 행위는 본성을 개조하여야 이루어진다고 주장했다. 사람의 본성이 원래 악하다는 학설인 성악설은 사람이 본성대로 행동하게 되면 사회를 유지할 수 없기 때문에 약속된 도덕규범이나 법에 따라 제재를 가하며 질서를 세워야 사회를 유지할 수 있다는 '법치주의'적 견해로 귀결된다.

　　반면에 '사람의 모든 악은 환경의 결과에 지나지 않고, 따라서 사람은 사실상 선택의 여지가 없었다고 주장'하는 계몽주의 사상가들이나 사회모순을 해결하면 이상사회를 건설하는 것이 가능하다고 믿었던 마르크스와 그 후계자들은 성선설을 지지했다. 동양에서는 맹자(맹가)가 최초로 성선설을 주장했는데, 그는 사람에게는 측은해하는 마음, 부끄러워하는 마음, 사양하는 마음, 시비를 가르는 마음이 있다고 말했다. 즉 사람에게는 인, 의, 예, 지의 4단이 있는데 이것이 착한 사람의 본성을 이루며 사람이 동물과 구별되는 점은 윤리도덕규범으로서의 4단을 선천적으로 갖추고 있는 데 있다는 것이다. 사람의 본성이 원래 착하다는 학설인 성선설은 동양에서는 유교의 정치이념인《덕치주의》의 사상이론적 근거로 되었다.

　　그렇다면 프롬은 어느 쪽이었을까? 그는 성악설을 주장한 사상가들 때문에 '오늘날 우리들은 대체로 인간은 그 본성에 있어서 사악하고 파괴적이며 더 강력한 살인자를 두려워할 때에만 좋아하는 오락을 삼가는 살인자라고 가정하게 되었다'(17쪽)고 개탄했다. 성악설을 주장한 사상가들이야말로 사람에 대한 부정적 견해를 확산시키는 주범이라고 비판한 것이다. 다음의 질문에서 짐작할 수 있듯이 프롬은 성악설에 찬성하지 않는다.

우리는 당신과 나와 대부분의 평범한 사람들이 양의 탈을 쓴 늑대며, 지금까지 우리들이 야수처럼 행동하지 못하도록 가로막고 있던 '금지'라는 굴레를 벗어던지기만 하면 우리들 '참된 본성'이 분명해질 것이라고 가정해야 할까?(17쪽)

프롬은 다음과 같은 근거들에 기초해 성악설이 오류임을 지적하고 있다. 첫째, 일상생활에서 사람들은 악하게 행동하지 않는다. 다시 말해 사람들이 일상적으로 살아가는 모습은 전반적으로 악하다기보다는 선하다. 과거 한국의 평화로운 농촌마을의 풍경을 떠올리면 될 것이다. 프롬은 '일상생활에는 보복당할 두려움 없이 잔인한 행위에 탐닉하고 가학증을 마음껏 발휘할 기회가 무수히 있'음에도 불구하고 '수많은 사람들이 그렇게 하지 않는다'(17~18쪽)고 하면서 성악설이 오류임을 강조했다. 둘째, 사람들은 악한 행위임이 분명하다고 판단할 경우에는 그것에 동조하지 않는 경향이 있다. 파시스트나 독재자는 대중의 지지를 획득하기 위해 악한 동기나 목적을 숨기고는 그것을 선하고 정의로운 대의명분으로 포장하려 한다. 왜 그럴까? 그런 대의명분이 없이는, 반대로 말해 악한 목적을 전면에 내세워서는 다수 대중의 동의와 참여를 이끌어낼 수가 없기 때문이다. 이에 대해 프롬은 '살인자는 대다수 양이 늑대처럼 행동하게 만들기 위해 그들의 목적이 고상하다든가, 자유에 대한 위협에 대처한다든가, 총검에 찔려 죽은 어린애, 강간당한 부인, 더럽혀진 명예를 위해 복수한다든가 하는 이야기를 꾸며내지 않으면 안 된다'(18쪽)고 지적했다. 이것은 설사 국가가 그것을 보장해주더라도 대다수의 사람들은 악한 목적을 실현하기 위한 행동에 반대한다는 것을 보여준다. 나아가 프롬은 '사람들은 잔인한 행위나 가학증을 겪게 되면 반발심으로 여기에 반응'한다면서 '정도의 차이는 있을지 몰라도 우리 모두가 늑대라면 왜 우리가 늑대에게 저항하겠는가?'라고 묻고 있다. 이 질문이 말해주듯 과거부터 지금까지 인류가 악행에 강력하게 저항해 그것을 저지시켜왔다는 사실은 성악설에 배치되는 하나의 증거이다.

셋째, 사람들이 악한 행위를 하거나 경험하게 되면 정신건강이 악화된다. 이것은 프롬이 주장한 내용은 아니지만 임상심리학적 관점에서 반드시 검토되어야만 하는 매우 중요한 문제이다. 사람이 만일 악한 본성을 가지고 있다면 악한 행위를 함으로써 정신건강이 더 좋아져야 한다. 모든 유기체는 자기의 본성에 맞게 살아갈 때 정신건강이 좋아지는 반면 본성에 맞지 않게 살아갈 때 정신건강이 악화되기 때문이다. 예를 들면 호랑이는 육식동물의 본성에 맞게 고기를 먹으면서 살면 정신건강에 이상이 없지만 초식동물처럼 풀을 먹도록 강요받으면 정신건강이 악화될 것이다. 이런 점에서 사람들이 악한 행위를 하거나 경험한 이후에 정신건강이 나빠진다는 사실은 사람의 본성이 악하지 않다는 강력한 임상심리학적, 정신의학적 증거로 간주될 수 있다. 이 외에도 사람이 기본적으로 악하지 않다는 것은 여러 현대 심리학의 연구들에 의해서도 계속 확인되고 있다.

그런데 왜 성악설은 사라지기는커녕 끈질기게 살아남아서 대중에게 영향을 미치고 있는 것일까? 프롬은 그것이 서양의 도덕적 파산 그리고 심리적 무력감과 관련이 있다고 날카롭게 지적했다.

제1차 세계대전과 함께 시작되어 히틀러와 스탈린, 코벤트리와 히로시마를 거쳐 온 세상 멸망을 준비하고 있는 오늘날에 이르기까지, 서양의 도덕적 파산은 다시금 악에 대한 성향을 강조하는 전통적 견해가 고개를 들게 했다. … 오늘날 수많은 사람들을 사로잡고 있는 심리적 무력감으로 말미암아, 전쟁은 인간 본성이 갖는 파괴성의 소산이기 때문에 회피할 수 없다는 패배주의적 견해를 합리화하기 위한 새로운 타락설과 원죄설을 받아들이게 될지도 모른다. (23/24쪽)

프롬은 '사회적·정치적 현상을 이해하기 위해 … 심리주의가 내포하고 있는 잘못을 장황하게 설명할 필요는 없을 것'(24쪽)이라고 하면서, 전쟁의 원인을 사람의 공격성이나 악한 본성으로 돌리는, 즉 '전쟁을 주로 심리적 힘의 소산'으로 보는 심리학 이론들을 비판했다. 즉 전쟁은 사람이 악해서가 아니라 경제적 이익, 방어 목적, 집단의 명성과 영광 등 다양한 사회적 원인들에 의해 발생할 수 있는데 심리주의는 이런 주요한 원인들을 무시하고 공격성 혹은 폭력행위의 원인을 모두 인간심리로 환원시키고 있으므로 오류라는 것이다.

아무튼 프롬은 성악설을 반대했는데, 그렇다고 해서 그가 성선설을 지지한 것은 아니다. 그가 성선설에 찬성하지 않는 주요한 이유는 다음과 같다.

대부분의 사람들이 양이라면 왜 인간의 생활은 양의 생활과 다를까? 인간의 역사는 피로 쓰여져 왔고 거의 예외 없이 인간의 의지를 굽히기 위해 힘을 사용해온 계속되는 폭력의 역사다.(16쪽)

프롬은 인류역사에는 수많은 잔혹행위들이 있어왔고, 인류사의 초기부터 현재까지 지속되고 있는 계급사회는 모두 소수 지배층의 이익을 실현하기 위해 다수 대중을 폭력적 힘으로 억압하고 착취해왔는데, 만일 모든 인간이 선하다면 어떻게 그런 것이 가능하냐면서 성선설을 반박하고 있다. 하지만 엄격히 말하자면 이런 논리는 성선설을 반박하기 위한 근거로는 불충분하다. 왜냐하면 선한 사람들이 존재한다고 해서 성선설을 진리라고 단정할 수 없듯이 악한 사람들이 존재한다고 해서 그것을 인류의 본성이 악하다는 결론으로 일반화하기는 어렵기 때문이다. 일단 이 문제는 제외하고 프롬의 견해를 계속 따라가보기로 한다.

프롬은 성악설과 성선설을 모두 반대하면서 '인간은 늑대이기도 하고 양이기도 하다'고 주장했다. 즉 사람은 두 가지 능력, '선의 능력과 악의 능력'을 모두 가지고 있다는 것이다. 앞으로 살펴보겠지만 그에게 있어서 선이란 삶을 사랑하는 것, 악이란 죽음을 사랑하는 것과 각각 관련된다. 이를 참고하여 다음 말을 살펴보면, 프롬은 사람을 선과 악의 경향 혹은 능력을 모두 가지고 있는 존재로 믿고 있음을 알 수 있다.

많은 사람들에게서 죽음을 사랑하는 경향과 삶을 사랑하는 경향이 함께 나타나는데, 그 혼합 정도는 다양하다. … 순수하게 죽음을 사랑하는 사람은 미친 사람이고 순수하게 삶을 사랑하는 사람은 성인이다.(58/76쪽)

이렇게 프롬은 사람이 선하기도 하고 악하기도 하다고 주장했는데, 이제부터는 그가 말하는 악이 무엇을 의미하는지 살펴보기로 하자.

죽음에 대한 사랑과 죽음 본능

'악'이란 도대체 무엇일까? 만일 악이 무엇인지 알 수 없다면 선과 악에 대한 기준을 정할 수 없으므로 사람이 선한지 악한지 판단할 수 없을 것이다. 프롬은 '쇠퇴의 증후군'을 악으로 보았는데, 그것은 죽음에 대한 사랑, 나르시시즘, 근친상간적 공생으로 구성되어 있다. 프롬은 죽음에 대한 사랑에 대해 이렇게 설명했다.

죽음을 사랑하는 성향을 가진 사람은 살아 있지 않은 모든 것, 다시 말해 죽어 있는 모든 것, 곧 시체, 부패, 배설물, 오물에 집착하고 매혹당하는 사람들이다. 죽음을 사랑하는 사람들은 병에 대해, 장례식에 대해,

죽음에 대해 말하기를 좋아하는 사람들이다.(59쪽)

프롬에 의하면 죽음에 대한 사랑은 '죽이고 싶다는 소망, 힘 숭배, 죽음과 오물에 대한 집착, 가학증, 질서를 통해 유기적인 것을 무기적인 것으로 바꿔놓으려는 소망 등'(69쪽)을 특징으로 갖는다. 이 중에서 몇 가지만 살펴보면 다음과 같다.

① **죽이고 싶다는 소망**: 스스로 죽기를 원할 뿐 아니라 타인들까지 죽이려는 강력한 소망이다.
② **힘에 대한 숭배**: 모든 힘은 궁극적으로 죽이는 힘에 바탕을 두고 있으므로 힘의 본질은 사람을 시체로 바꾸어 놓는 능력이다. 따라서 죽음을 사랑하는 사람은 반드시 힘을 사랑한다. 그는 죽이는 자를 사랑하고 죽음을 당하는 자를 비웃는다.(61쪽)
③ **질서를 통해 유기적인 것을 무기적인 것으로 바꿔놓으려는 소망**: 죽음을 사랑하는 사람은 냉담하고 쌀쌀하며 '법과 질서'의 신봉자다. 그는 또한 성장하지 않는 모든 것, 기계적인 모든 것을 사랑한다. 그는 삶을 몹시 두려워하기 때문이다.(62쪽)

얼핏 보면 프롬의 '삶에 대한 사랑과 죽음에 대한 사랑'이라는 개념은 프로이트의 '삶의 본능과 죽음 본능'을 말만 살짝 바꾼 게 아닌가 하는 의구심이 들 수도 있다. 그러나 프롬은 삶에 대한 사랑과 죽음에 대한 사랑이 프로이트의 본능이론과 '관련이 있기는 하지만' 그것과는 '명백히 다르다'(85쪽)고 강조한다. 프로이트는 사람의 근본 동기가 삶의 본능인 에로스(Eros)(혹은 성욕)와 죽음 본능이라고 주장했는데, 그것을 다음과 같이 설명하고 있다.

> 죽음 본능은 분리시키고 분산시키는 기능을 하지만 에로스는 유기체나 유기체 안의 세포를 서로 결합시키고 봉합시키고 합일시키는 기능을 한다. 따라서 각 개인의 삶은 이 두 가지 근본 본능, 곧 '유기체를 좀 더 큰 단위로 결합시키려는 에로스의 노력'과 '에로스가 성취하려는 일을 취소시키는 죽음 본능'이 열심히 노력하며 싸우는 전쟁터이다.(78쪽)

사실 프로이트는 죽음 본능에 관한 이론에 대해 스스로도 뚜렷한 확신을 가지지 못했으며, 그래서인지 그것을 다소 모호한 상태로 남겨두고 사망했다. 아무튼 간단히 정의하면 죽음 본능이란 살려고 하는 본능에 반대되는 죽으려고 하는 본능이라고 할 수 있다.

프롬은 프로이트의 죽음 본능 이론을 다음과 같이 비판하고 있다.

첫째, 대부분의 생물은 삶을 위해 끈기 있게 싸우고 오직 예외적인 것들만이 자기 자신을 파괴하려 한다.(79쪽) 즉, 대부분의 유기체에 있어서 자기 자신이나 타인을 파괴하고 죽이려 하는 경향은 거의 찾아볼 수 없다는 것이다. 물론 죽기를 바라며 때로는 자살까지 하는 이들도 있기는 하지만 그런 사람은 예외적이며 대부분의 사람은 열심히 살려고 한다. 또한 삶의 본능은 평생 동안 사람에게 작용하는 근본 본능이지만 사람이 살아가는 데서 별다른 역할을 하지 않는 죽음 본능이란 본능이라기보다는 죽을 때가 되어서야 겨우 나타나는, 삶의 본능이 자기 역할을 다 끝마친 결과일 뿐이다. 사람은 누구나 본능적으로 살기를 바란다. 반면에 간혹 죽고 싶다는 생각을 할지언정 진정으로 죽기를 바라는 사람은 극히 드물다. 따라서 사람의 인생이란 프로이트의 주장처럼 삶의 본능과 죽음 본능이 싸우는 전쟁터가 아니라 삶의 본능이 지배하는 과정이다. 사람은 다만 삶의 본능이 생물학적 한계에 도달하면 죽게 되는 것이다. 이와 같은 맥락에서 프롬은 프로이트의 죽음 본능은 사람의 근본 본능이 아니라 삶의 본능이 좌절된 결과일 뿐이라고 단언했다.

··· 죽음 본능이 마지막 승리를 거둘 때까지 비교적 끊임없이 언제나 서로 싸우고 있는 두 본능의 이원성이 아니라 삶을 유지하려는 삶의 일차적이고 가장 근본적인 경향과 사람이 이러한 목표 달성에 실패했을 때 생기는 이와 모순되는 경향이라는 이원성이다.

이러한 관점에서 보면 '죽음 본능'은 에로스가 전개되지 않은 정도에 따라 성장하고 에로스를 대신하게 되는 악성 현상이다.(80쪽)

결론적으로 말해 '삶의 본능은 사람의 일차적 가능성인 반면 죽음 본능은 이차적 가능성'(80쪽)에 불과하므로, 죽음 본능은 타고난 본능 혹은 주요한 본능이 아니다.

둘째, 개개인에 따라 파괴성의 정도는 엄청나게 다른데 프로이트의 죽음 본능 이론으로는 이런 현상을 설명할 수 없다. 프로이트는 삶의 본능과 죽음 본능의 강도에 개인차가 있다는 것을 부정하지는 않았지만, 그것들은 모두 근본 본능인 만큼 그 각각의 힘은 사람의 삶을 좌우할 정도로는 강하며, 이 두 가지 본능에게는 밖으로 향하거나 안으로 향하는 양자택일이 있을 뿐이라고 가정했다. 따라서 프로이트의 주장이 옳다면 죽음 본능의 결과인 개개인의 파괴성을 모든 사람에게서 대체로 균일하게 목격할 수 있어야 한다. 하지만 현실적으로 사람들의 파괴성 정도는 현저하게 다르다. 아마 프로이트라면 이를 죽음 본능이 안으로 돌려지는가 아니면 밖으로 돌려지는가의 차이에 의해 설명할 것이다. 그러나 그것은 죽음 본능이 밖을 향해 나타났는가 안을 향해 나타났는가에 따라 발생한 차이는 결코 아니다.(79쪽) 왜냐하면 만약 죽음 본능이 밖으로 돌려짐으로써 파괴성이 커지는 것이라면, 파괴성이 약한 사람의 죽음 본능은 안을 향해야 하므로 자기를 파괴하고 죽이려는 경향이 강해야 한다는 결론이 나오지만 현실에서 그런 경우는 찾아볼 수 없기 때문이다. 현실적으로는 타인에 대한 파괴성이 강한 사람은 자기 자신에게도 파괴적이지만 타인에 대한 파괴성이 약한 사람은 자기 자신을 파괴하는 경향도 약하다. 이에 대해 프롬은 다음과 같이 말했다.

남들을 파멸시키겠다는 강렬한 격정이 특징인 사람들도 있지만 대부분의 사람들에게서는 이 정도로 난폭한 파괴성을 찾아볼 수 없다. 그러나 타인을 향한 파괴성의 강도가 낮은 대신 반드시 자기 파괴, 피학증, 병 등의 강도가 높은 것도 아니다.(79쪽)

이런 근거들에 기초해 프롬은 프로이트의 죽음 본능 이론을 반대하고 그것을 '죽음에 대한 사랑'으로 대치했다. 지금까지의 논의에서 알 수 있듯이 프롬은 죽음에 대한 사랑을 선천적으로 타고 나는 본능이 아닌 사람이 가지고 있는 하나의 경향성으로 이해하고 있다. 그렇다면 죽음에 대한 사랑은 어떻게 해서 생겨나는 것일까? 죽음에 대한 사랑의 원인은 다음과 같이 요약할 수 있다.

① **잘못된 양육**: 프롬은 죽음을 사랑하는 인격이 프로이트의 항문적 인격과 관련이 있다고 말했다. 그러나 항문적 인격의 원인에 대해서는 프로이트와 견해를 달리 한다. 프로이트는 항문적 인격의 원인으로 대소변을 가누는 훈련 과정에서 얻은 개인적 경험과 체질적 요인을 지목한다. 반면에 프롬은 그것을 주로 어머니(혹은 주 양육자)의 잘못된 양육에서 찾고 있다.

어머니의 인격이 중요한 요인이라고 생각할 만한 이유를 알고 있다. 엄격한 대소변 훈련을 고집하고 어린애의 배설과정 등에 필요 이상의 관심을 보이는 어머니는 강한 항문적 인격을 가진 아내, 다시 말하면 살아 있지 않은 것, 죽은 것에 강한 흥미를 느끼는 아내이며 이러한 어머니는 어린애에게도 같은 방향으로 영향을 줄 것이다.

동시에 이런 어머니는 삶의 기쁨을 모를 것이고 자극에 민감하지 못하고 둔할 것이다. 때로 어머니의 불안감은 어린애로 하여금 삶을 두려워하고 살아 있지 않은 것에 집착하게 만들 것이다. 다시 말해 항문적 인격을 형성하게 하는 것은 항문적 리비도에 영향을 주는 대소변 훈련이 아니라 스스로 삶을 두려워하거나 미워하기 때문에 배설과정으로 관심을 돌리게 하고, 그 밖의 많은 방법으로 어린애의 에너지를 소유와 저장의 격정을 갖는 방향으로 형성시키는 어머니의 인격인 것이다.(88쪽)

한마디로 죽음을 사랑하는 어머니는 자기 자식을 죽음을 사랑하는 인격으로 키울 가능성이 크다.

② **삶에 대한 극심한 좌절**: 나름대로 열심히 살아보려고 노력했지만 세상이 그를 계속 배반할 경우 사람은 극심한 좌절감에 빠져 사람에 대한 믿음, 세상에 대한 믿음, 나아가 삶에 대한 믿음까지 송두리째 상실할 수 있다. 즉 자신을 배반하는 '수많은 작은 경험들이 쌓이고 쌓여서 사람들의 믿음을 파탄'(40쪽)시키는 것이다. 이럴 경우 사람은 자포자기의 심정이 되어 삶이 아닌 죽음을 사랑하게 될 수 있고 그것이 고착되면 죽음을 사랑하는 인격이 될 수 있다. 이런 관점에서 보면 죽음에 대한 사랑이란 일종의 정신병리 현상임을 알 수 있다.

③ **죽음에 대한 사랑을 키우는 사회적 조건**: 죽음에 대한 사랑이 삶에 대한 사랑이 좌절된 결과라면, 사람들의 삶을 좌절시키는 사회야말로 죽음에 대한 사랑을 키우는 주범이라고 할 수 있다. 프롬은 마르크스의 소외 이론에 입각해 사람들이 삶을 사랑할 수 없게 만드는 핵심 원인이 자본주의사회가 강요하는 '사람의 상품화'에 있음을 지적하고 있다.

우리의 주요 목표는 사물을 생산하는 것이고, 이처럼 사물을 우상시하는 과정에서 우리는 우리 자신을 상품으로 바꿔놓고 있다. … 여기서 문제가 되는 것은 사람들이 제대로 대접받고 잘 먹고 잘 사는 것이 아니라(사물도 제대로 대접받을 수 있다), 사람들이 사물인가 생물인가 하는 것이다.(92쪽)

사람을 비롯한 세상만물이 '시장에서 얼마나 잘 팔릴 수 있는 상품인가'라는 획일적 기준에 의해 평가받으며, 무한경쟁이 온 사회를 지배하고 있는 조건에서 사람들은 스스로를 상품화하지 않을 수 없다. 그렇지 않으면 생존이 위태롭게 되며 나아가 사회에서 배제될 수도 있기 때문이다. 그래서 오늘날의 자본주의사회에서 살아가는 사람들은 너나 할 것 없이 자신의 노동력, 기능, 지식, 외모 심지어는 성이나 양심까지도 상품화하고 있다. 이렇게 현 시대를 지배하는 자본주의제도는 사람을 사물로, 상품으로 만들어 삶을 사랑하기 어렵게 만든다.

사실상 유럽과 북미에서 승리하고 있는 관료적이고 산업적인 문화는 새로운 유형의 사람을 탄생시켰다. 이러한 인간을 조직적 인간, 자동인형적 인간, 소비적 인간이라 설명할 수 있다. 게다가 그는 기계적 인간이다. 이 말로 나는 기계적인 모든 것에 깊이 집착하고 살아 있는 것에 반감을 느끼는 기계 부속품 같은 인간을 표현하고 싶다.(93쪽)

프롬에 의하면 현대 산업사회에서 살아가는 대부분의 사람들은 점차 삶에 무관심하게 되고 심지어 죽음에 집착하게 되지만 그것을 알지 못하기 때문에 그들은 삶의 기쁨을 위해 흥분되는 순간의 전율을 취하며, 소유할 수 있는 것이 많아질수록 더욱 활기 있어질 것이라는 환상 속에서 살아가게 된다.(95쪽/본문에 맞게 일부 문구 수정.) 또한 관료화된 산업주의는 대중의 기호나 취미까지 조작하고 지성과 인격을 표준화하며 폭력적이고 자극적인 문화를 유포하는데, 이런 모든 것들이 죽음에 대한 사랑을 부추긴다. 그러나 사물이 아닌 사람이 사물이 되면 사람은 파멸하기 마련이므로 사람은 절망에 빠져 모든 생명을 말살하려 한다는 것이다.

프롬은 죽음에 대한 사랑을 극복하고 삶에 대한 사랑을 발달시키려면 다음과 같은 것들이 필요하다고 말했다. 우선 개인적 차원에서는 어린이들을 '삶을 사랑하는 사람들과 함께' 살도록 해야 한다. 죽음에 대한 사랑과 마찬가지로 삶에 대한 사랑에도 전염성이 있기 때문이다. 또한 사람들을 자유롭고 아무 위험도 없는 상태에서 살 수 있게 해주고 내면적 조화와 힘을 기르는 원리를 가르치며, 설교보다는 시범으로 '살아가는 기술'을 지도하고 참으로 즐거운 생활방식을 선택하도록 하는 것 등이 필요하다.(82쪽) 다음으로 사회적인 차원에서는 경제적·심리적으로 풍요로운 사회, 계급적 압박과 착취가 없는 정의사회, 능동적이고 책임 있는 개인들이 조화롭게 살아갈 수 있는 자유로운 사회를 건설해야 한다.

> 위엄 있는 생활을 위해 기본적인 물질적 조건이 위협받지 않는다는 의미에서 안전 보장이 되고, 어느 누구도 다른 사람의 목적을 위한 수단이 될 수 없다는 의미에서 정의로우며, 각자가 사회의 능동적이고 책임 있는 일원이 될 가능성을 갖고 있다는 의미에서 자유로운 사회일 때 삶에 대한 사랑은 가장 원활하게 발달할 수 있을 것이다.(84쪽)

비록 프롬은 프로이트의 죽음 본능 이론을 예리하게 비판하고 그것을 '죽음에 대한 사랑'으로 대치했지만 그의 주장에도 문제가 있다.

프롬은 '죽음에 대한 사랑은 근본적인 정위이다'라고 말했다. 다시 말해 죽음을 사랑하는 경향은 삶을 사랑하는 경향과 함께 사람의 두 가지 근본 동기라는 것이다. 하지만 죽음에 대한 사랑은 사람의 근본적인 동기 혹은 경향이 아니다. 그것은 우선 죽음을 사랑하는 경향이 일종의 정신장애이기 때문이다. 프롬 역시 죽음에 대한 사랑이 정신장애임을 부인하지 않고 있다.

> 죽음에 대한 사랑은 … 사람들이 가질 수 있는 삶에 대한 정위 가운데 가장 병적이고도 위험한 것이다. 그것은 진정 도착증이라 말할 수 있다.(70쪽)

만일 죽음을 사랑하는 경향이 병적인 도착증 혹은 신경증이라면 그것은 생존 본능 —삶을 사랑하는 경향— 과 같은 서열에 위치할 수 있는 사람의 근본 동기가 될 수 없다. 왜냐하면 그것은 앞서 프롬이 설명했듯이 양육과정에서의 문제, 삶에 대한 좌절, 사람을 사물화시키는 잘못된 사회 등이 만들어낸 정신병리 현상일 뿐이기 때문이다. 어쩌면 프롬은 이러한 정신병리 현상이 오늘날의 사람들에게 널리 퍼져 있다고 보았기에 죽음을 사랑하는 경향을 근본 동기로까지 격상시켰을지도 모른다. 프롬의 이런 시각은 대다수의 인류가 미국과 소련 간의 핵무기 경쟁을 반대하지 않는 까닭을 죽음에 대한 사랑에서 찾는 다음과 같은 말에서 확인할 수 있다.

> 왜 이를 항의하는 움직임이 더 이상 확대되지 않은 채 핵전쟁 준비가

계속되고 있을까? … 사람들이 삶을 사랑하지 않기 때문에, 또는 그들이 삶에 무관심하기 때문에, 또는 심지어 많은 사람들이 죽음에 집착하기 때문에 전면적 전쟁을 두려워하지 않는다는 점이 포함되지 않는 한 만족스런 설명이 될 수는 없다.(91쪽)

그러나 사람들이 핵전쟁 위험에 반대해 투쟁하지 않는다고 해서, 대부분의 인류가 죽음을 사랑하는 경향을 가지고 있다고 주장하는 것은 지나친 논리비약이다. 사람들이 핵전쟁 위험에 무관심한 것은 프롬도 자주 언급했듯이 그 위험성을 잘 모르고 있어서일 수도 있지 않은가? 또는 그것은 파편화된 개인들이 가지는 무력감의 발로일 수도 있지 않은가? 정답이 무엇이든 간에 대부분의 인류가 죽음을 사랑하는 잠재적인 정신장애자라는 견해는 그 근거가 극히 미약한 일방적인 주장이 아닐 수 없다.

죽음에 대한 사랑이 사람의 근본적인 동기 혹은 경향이 될 수 없는 것은 다음으로 그것이 생존본능이 좌절된 결과이기 때문이다. 프롬은 프로이트의 죽음 본능을 '에로스가 전개되지 않은 정도에 따라 성장하고 에로스를 대신하게 되는 악성 현상'으로 규정했다. 그렇다면 죽음을 사랑하는 경향 역시 삶을 사랑하는 경향이 전개되지 않은 정도에 따라 성장하여 결국에는 삶에 대한 사랑을 대신하게 되는 악성 현상으로 봐야 마땅하다. 즉 죽음에 대한 사랑은 근본 동기가 아니라 삶의 의욕을 상실한 사람이 가질 수 있는 일종의 정신병리 현상이라는 것이다. 하지만 프롬은 프로이트의 죽음 본능은 정당하게 평가절하하면서도, 죽음에 대한 사랑을 삶에 대한 사랑과 함께 사람이 가지는 근본적인 경향이라고 주장하고 있는데 이것은 자기모순적인 오류가 아닐 수 없다.

결론적으로 프롬이 말하는 죽음을 사랑하는 경향은 타고난 본능 혹은 기본 동기가 아니라 주로 불우한 개인적, 사회적 환경에 의해 형성되는 병적인 성향이며, 일부 사람들에게서만 발견될 수 있는 중증 정신장애이다. 따라서 그것은 프로이트의 죽음 본능이 그렇듯이 삶을 사랑하는 경향과 동등한 위치에 설 수 없다.

나르시시즘

악, 즉 쇠퇴의 증후군을 구성하는 두 번째 요인은 나르시시즘[나르시시즘에 관한 좀 더 자세한 논의는 『사이코패스와 나르시시스트』(김태형, 2009, 세창미디어)를 참고이다. '나르시시즘의 모든 형태에 공통된 점은 외부 세계에 대한 순수한 관심이 없다는 것이다'(118쪽)라는 말을 통해 알 수 있듯이, 프롬은 약간의 차이는 있지만 기본적으로는 나르시시즘에 관한 프로이트의 이론적 골격을 계승하고 있다.

프로이트는 성욕이 외부의 이성이나 대상을 향하지 않고 자기 자신을 향하는 것을 나르시시즘으로 정의했다. 그러나 프롬은 나르시시즘을 성욕이 아니라 심리적 에너지가 자기를 향하는 것으로 이해했다. 즉 나르시시즘은 프로이트가 말하는 성욕이 아닌 일반적 의미에서의 심리적 에너지가 자기에게 집중되는 것으로 보아야 한다는 것인데, 이러한 견해는 타당하다.

정상인은 자기를 사랑할 뿐만 아니라 타인들과 세상도 사랑할 줄 안다. 하지만 나르시시스트는 오직 자기만을 사랑하며 온 세상이 자기만을 사랑해주기를 갈망한다. 이렇게 외부세계의 대상에 관심을 가지지 못하고 그것을 사랑하지도 못하는 나르시시스트는 다음과 같은 특성들을 가진다.

① **사랑과 인정에 대한 과도한 욕구**: 나르시시스트는 사랑과 인정에 바짝 목이 말라 있는 사람이라 다른 데에는 심리적 에너지를 사용하기 어렵다. 즉 그의 모든 관심은 타인들로부터 사랑과 관심, 인정과 존경을 받는 데 쏠려 있는 것이다. 사랑과 인정에 대한 과도한 집착은 항상 주역이 되려고 하고 자기 과시와 자랑에 몰두하며, 권력이나 명예를 추구하고 화려한 겉포장을 필요로 하는 등의 모습으로 표현된다.

② **비판에 대한 비정상적인 과민반응**: 나르시시스트는 어떤 종류의 비판에도 무척 민감해서 비판을 받으면 격렬하게 화를 내거나 심하게 의기소침해 하는 반응을 보인다. 그는 제아무리 정당한 비판일지라도 그것을 자신에 대한 적대적인 공격으로 간주한다. 왜냐하면 사랑과 인정에 목을 매는 나르시시스트에게 비판이란 그렇게도 중요한 사랑과 인정에 대한 욕구가 좌절되는 충격적인 경험이고, 무의식적으로는 부모의 사랑과 인정을 잃는 위험천만한 사태로 다가오기

때문이다.

③ **자아도취와 부풀려진 자기상**: 대상애와의 균형을 잃은 자기애와 타인들로부터 사랑과 인정을 받으려는 과도한 소망은 필연적으로 자아도취와 스스로에 대한 과대평가로 이어진다. 간단히 말해 나르시시스트는 오랜 세월에 걸쳐 '자기상(像)을 남들의 사랑과 인정을 독차지할 만한 그런 멋진 것으로 조작'해낸다. 물론 그에게는 명예, 부, 지성, 육체적 용맹, 재치, 미모 등 사람들에게 내세울 만한 무엇인가가 있기는 하다. 하지만 나르시시스트의 자기상은 객관성을 잃고 현저하게 과대평가되어 있다.

④ **자기중심성과 합리적 판단의 왜곡**: 오직 자기한테만 몰두하는 나르시시스트는 타인의 사정을 고려할 줄 모르기 때문에 지독한 자기중심성을 드러낸다. 프롬의 말을 빌리자면 그는 '다른 사람의 현실이 자신의 현실과 다르다는 것을 전혀 알지 못한다.'(114쪽) 스스로를 과대평가하고 세상은 과소평가 ―세상에 대한 무관심이나 무지를 포함하는― 하는 경향은 나르시시스트의 합리적 판단능력을 손상시킨다. 제아무리 똑똑한 나르시시스트라 할지라도 그가 광기에 가까운 자기 확신에 빠져 어리석은 행동을 반복하는 까닭이 바로 여기에 있다.

나르시시즘은 당연히 반사회적이다. 이에 대해 프롬은 다음과 같이 말했다.

극단적인 개인적 나르시시즘이 모든 사회생활에 심한 장애물이 된다는 점에는 의심의 여지가 없다. 그렇다면 나르시시즘은 생존의 원리와 갈등을 일으키고 있다고 말하지 않을 수 없다. 개인은 집단 속에 편입될 때만 생존할 수 있기 때문이다.(123쪽)

나르시시즘이 자기애적 인격장애로 불리기도 하는 데서 알 수 있듯이, 그것은 명백한 정신장애이다. 프롬이 '나르시시즘은 저주이며 그 극단적인 형태는 결국 자기 파멸'(115쪽)이라고 단언했던 것은 그래서이다. 일단 나르시시스트가 되면 그 굴레에서 벗어나기가 극히 어려운데, 그것은 그가 다음과 같은 악순환의 고리에 엮여지기 때문이다.

이는 괴로움을 겪는 사람의 일생에 생기기 쉬운 광기다. 신이 되려고 애를 쓰면 쓸수록 그는 인류로부터 고립된다. 이러한 고립은 그를 더욱 무서움에 떨게 만들고, 모든 사람이 그의 적이 되며, 그 결과 발생하는 공포를 견디기 위해 그는 끊임없이 권력과 잔인성과 자아도취를 증가시키지 않을 수 없다.(111쪽)

여기까지의 논의만 종합한다면, 정신장애인 나르시시즘은 백해무익한 것이라는 결론을 내릴 수 있다. 그러나 놀랍게도 프롬은 나르시시즘적 동기나 감정이 성 본능이나 생존 본능에 비견될 만큼 강력하다고 주장한다.

나르시시즘은 많은 사람들에게 있어서 오로지 성적 욕망이나 생존의 욕구와만 그 강도를 비교할 수 있는 격렬한 감정이다. 사실상 많은 경우 나르시시즘은 성적 욕망이나 생존의 욕망보다 더 강하다는 것이 입증된다. … 그러므로 우리는 나르시시즘적 격정도 성이나 생존과 마찬가지로 중요한 생물학적 기능을 갖는 것이 아닐까 하는 생각을 하게 된다.(121쪽)

프롬이 이런 잘못된 주장을 하게 된 것은 그가 나르시시즘을 '자기애'와 동일한 것으로 이해하고 있어서이다. 프로이트는 정상인이 대상애의 능력 ─외부세계의 대상을 사랑할 수 있는 능력─ 을 갖게 된 뒤에도 자기애가 어느 정도는 남아 있어야 한다고 말했다. 만약 자기애가 없어지면 자기를 사랑하지 않게 되고 자기를 돌보지도 않을 것이므로, 그것은 생존을 위협할 것이기 때문이다. 이런 맥락에서 프롬은 '목적론적으로 말하면 자연은 사람으로 하여금 생존에 필요한 일을 할 수 있도록 하기 위해 많은 자기애를 부여했다고 할 수 있다'(122쪽)고 강조하기도 했다. 그러나 나르시시즘을 이런 식으로 이해하면 다음과 같은 딜레마에 봉착하게 된다.

우리는 나르시시즘이 생존을 위해 꼭 필요하며 동시에 생존에 위협이 된다는 역설적 결과에 이르렀다. 이 역설의 해결에는 두 가지 방향이 있다. 하나는 최대의 자기애보다는 최적의 자기애가 생존에 이바지한다는 것이다. 다시 말해 생물학적으로 필요한 자기애의 정도는 사회적 협력과 양립할 수 있는 정도의 자기애로 줄어든다. 또 하나는 개인적 나르시시즘이 집단적 나르시시즘, 즉 개인 대신에 씨족, 나라, 종교, 인종

등을 나르시시즘적 격정의 대상으로 삼는 나르시시즘으로 바뀐다는 사실이다. 따라서 자기애적 에너지는 유지되기는 하지만 개인의 생존을 위해서가 아니라 집단의 생존을 위해 사용된다.(124쪽)

나르시시즘의 불가피한 모순 ─생존에 꼭 필요하면서도 생존에 위협이 된다는 모순─ 은 첫째로는 자기애와 대상애 사이에 균형을 잡음으로써 해결할 수 있다. 자기도 사랑하고 타인도 사랑할 줄 아는 건강한 정상인이 되는 것이다. 나르시시즘의 모순은 두 번째로 개인의 나르시시즘적 에너지를 어떤 집단을 향하게 함으로써 해결할 수 있다. 성적 욕구나 생존 욕구를 능가할 정도로 강한 자기애, 자기에 대한 사랑을 계급, 민족, 국가 같은 사회집단으로 향하게 함으로써 나르시시스트가 되지 않을 수 있다는 것이다. 여기에서 두 번째, 즉 일종의 대상교체나 승화라고 할 수 있는 해결책에 근거해 프로이트는 '피지배 계급이 그들의 지배자들에게 충성을 바치려는 것 같은 대중현상'을 설명했다. 그리고 프롬은 여기에서 한 걸음 더 나아가 그것을 '민족주의, 민족적 증오, 파괴성과 전쟁의 심리적 동인'으로까지 간주하고 있다.(103쪽)

개인적 나르시시즘이 건강한 지도자나 집단을 향할 경우에는 크게 문제가 되지 않지만, 그것이 만약 병적인 지도자나 집단을 향하게 되면 온갖 부정적인 사회현상의 원인이 될 수 있다. 병적인 집단에 결부된 나르시시즘은 우선 자신이 소속된 사회집단은 극도로 떠받드는 반면 다른 사회집단은 깔보고 멸시하는 배타적인 민족주의나 인종주의로 귀결될 수 있다. 그것은 또한 비판에 극히 민감한 나르시시스트처럼 자신이 소속된 사회집단에 대한 외부의 비판을 심각한 모욕으로 받아들이게 함으로써 타민족에 대한 격렬한 증오와 공격성을 유발할 수 있다. 이런 점에서 히틀러나 일본 군국주의 같은 파시스트 집단, 종교적 광신집단 등을 형성하는 데 나르시시즘이 일정 정도 중요한 역할을 한다는 프롬의 주장은 타당하다.

우선 특정 사회를 지배하는 사회집단의 이익을 어떤 나르시스트가 충실히 대변할 경우 그는 지배집단의 지지와 엄호를 받음으로써 지도자가 될 가능성이 있다. 앞에서 지적했듯이 광기어린, 자아도취적인 자기 확신의 소유자인 나르시시스트는 정상인이라면 상당히 꺼리거나 주저할 상황에서도 물불을 가리지 않고 맹렬히 돌진해나간다. 그렇기 때문에 지배집단은 나르시시스트에게 총대를 메게 하여 자기들의 이익을 관철하는 데 그를 이용하려 할 수 있다. 다음과 같은 프롬의 언급이 이와 관련이 있다.

지도자들의 광기야말로 그들을 성공시킨 요인이다. 이러한 요인으로 말미암아 그들은 확신을 갖고 보통 사람들이라면 매우 강렬한 회의를 느낄 일에도 아무런 회의를 느끼지 않았다. (129쪽)

한편 나르시시스트의 주위에는 그를 숭배하는, 즉 사랑과 인정에 대한 그의 과도한 욕구를 만족시켜주는 병적인 인간들이 몰려들기 마련이다. 어떤 이들은 나르시시스트의 광기어린 신념과 연설을 황홀한 눈으로 바라보면서 그에게 진심으로 매료당하기도 하고, 또 어떤 이들은 자기를 나르시시스트와 동일시함으로써 자신의 나르시시즘적 욕구를 충족시키기도 하며, 다른 일부는 나르시시스트에게 의존하고 빌붙음으로써 무능력하고 별 볼일 없는 자기를 보상하려 한다. 그 원인이 무엇이든 간에 권력을 잡은 나르시시스트 주위에는 이렇게 정신이 병든 사람들이 운집하게 되고 그 결과 제정신을 가진 정상인은 점차 권력핵심부에서 밀려나게 된다. 이렇게 해서 거대한 광신집단이 탄생하곤 하는 것이다.

여기에서 한 가지 꼭 지적하고 싶은 게 있는데, 그것은 나르시시즘과 관련된 병적인 광신집단이 국가나 인류에게 커다란 해악을 끼칠 정도로 세력화되려면 반드시 권력과 돈을 거머쥔 지배집단의 지원과 비호를 받아야만 한다는 사실이다. 어떤 사회이든 간에 나르시시즘에 심취해 있는 갖가지 광신도 집단이 존재하기 마련이지만 그것들이 모두 다 세상을 뒤흔들 만큼의 사회적 위력을 갖게 되는 것은 아니다. 왜냐하면 그런 광신집단들은 해당사회의 지배집단에게 별이용가치가 없어서 지배집단의 지원을 받을 수 없으므로 큰 정치세력으로 성장할 수가 없기 때문이다. 따라서 인류에게 심각한 위해를 가할 수 있었던 히틀러의 파시스트 집단 같은 것은 자본주의사회의 지배집단인 자본가계급 내부에서 탄생하고 자본가계급의 지원 속에서만 성장할 수 있다. 이 점을 간과한다면 파시즘의 핵심적인 전제조건인 자본주의사회의 모순은 과소평가하는 반면 나르시시즘을 주범으로 몰아세우는 우를 범할 수 있다.

아무튼 프롬의 주장처럼 병적인 사회집단을 형성하는 데 나르시시즘이 일조를 하는 것은 분명하지만, 그것이 유일한 그리고 가장 중요한 원인은 아니다. 내가 보기에 병적인 집단을 형성하는 데 작용하는 집단심리 가운데 가장 심각한 것은 대중의 나르시시즘적 경향이 아니라 프롬이 근친상간적 고착과 관련해 질타하고 있는 의존심인 것 같다. 이 문제는 차후에 집중적으로 논의할 기회가 있을 것이다.

나르시시즘에 대한 프롬의 견해가 가지는 더 큰 문제는 나르시시즘을 정상적인 자기애와 혼동하고 있다는 데 있다. 자기애는 모든 정상인이 가지고 있는 것이므로 그것이 없는 사람은 마음이 건강할 수 없다. 자기를 사랑하지 않는다는 것은 자기를 혐오한다는 말과 통하는데, 그런 사람의 정신이 건강할 수는 없지 않은가. 이처럼 자기애는 정상인에게 꼭 필요한 것이므로 대부분의 사람들이 자기애를 가지고 있다. 하지만 그런 정상적인 자기애를 나르시시즘 —자기애적 인격장애— 적 자기애와 동일한 것으로 보아서는 안 된다. 즉, 정상인의 자기애와 정신장애인 나르시시즘은 엄격히 구분되어야 한다는 말이다.

그렇다면 프롬은 왜 나르시시즘을 모든 사람에게 고유한 하나의 경향, 그것도 성욕에 비견될 정도로 중요하고 강력한 경향으로 간주하게 된 것일까? 결론부터 말하자면 그것은 그가 프로이트의 이론적 틀을 벗어나지 못하고 있어서이다. 프로이트는 나르시시즘을 성욕의 방향 —프롬의 경우에는 심리적 에너지의 방향— 과 관련된 문제로 이해한다. 즉, 그는 외부세계를 향해야 하는 에너지가 이러저러한 이유로 인해 외부로 향하지 못하게 되어 온통 자기 자신을 향하고 있는 것을 나르시시즘이라고 규정했던 것이다. 하지만 내가『사이코패스와 나르시시스트』에서 지적(김태형,『사이코패스와 나르시시스트』, 170~172쪽 참고)했듯이, 나르시시즘은 성적 에너지 혹은 심리적 에너지의 방향이 아니라 사랑과 인정에 대한 과도한 욕구를 기본원인으로 하는 정신장애이다. 인과관계를 중심으로 말하면 심리적 에너지의 방향이 자기를 향하기 때문에 사랑과 인정에 대한 과도한 욕구가 생기는 것이 아니라 사랑과 인정에 대한 과도한 욕구로 인해 에너지가 밖으로 나가지 못하고 자기 자신을 향하게 된다는 것이다. 이렇게 진정한 병인(病因)이 아닌 나르시시즘이 가지는 하나의 증상인 에너지의 방향을 중심으로 나르시시즘을 파악하게 되면 정상적인 자기애와 정신장애로서의 나르시시즘을 혼동하게 될 위험이 커진다.

에너지의 방향을 기준으로 나르시시즘을 정의하면 자기를 향한 에너지와 외부를 향한 에너지 사이에 균형이 잡혀 있는 경우에는 정상인, 에너지가 자기 쪽으로 쏠려 있으면 나르시시스트가 된다. 이 경우 정상인과 나르시시스트 사이의 경계는 지극히 유동적 ―정상인은 누구라도 나르시시스트가 될 가능성이 있다― 이 되어, 양자는 동일한 스펙트럼 상에 존재하게 되며 단지 자기를 향하는 에너지의 양에서만 차이가 날 뿐이다. 하지만 현실에 있어서 나르시시스트가 되는가 그렇지 않은가 하는 것은 사랑과 인정에 대한 과도한 욕구가 있는가 없는가에 따라 결정된다. 즉, 나르시시즘이라는 정신장애는 사랑과 인정에 대한 과도한 욕구에 의해 어린 시절부터 서서히 시작되며 청소년기에 들어서면 이미 단단하게 굳어지기 시작한다는 것이다. 따라서 성인기까지 별다른 문제가 없었던 정상인이 나르시시스트가 되기란 거의 불가능한데, 이것은 정상인의 자기애와 나르시시즘적 자기애는 완전히 차원이 다른 별개의 것임을 말해준다.

모든 사람이 나르시시즘적 에너지 ―프로이트의 경우에는 자기를 향하는 성적 에너지— 를 가지고 있으므로 그것을 어떤 식으로든 처리해야만 한다는 프롬의 주장을 집단적 나르시시즘 형성과정에 적용해 도식화하면 '모든 사람에게 존재하는 나르시시즘적 에너지 → 나르시시즘적 에너지가 집단을 향함 → 집단적 나르시시즘'이라는 흐름이 만들어진다. 이러한 이론적 도식에 의하면 모든 사람은 잠재적인 나르시시스트이자 집단적 나르시시즘을 반드시 필요로 하는 존재가 된다. 그러나 반복적으로 지적했듯이 모든 사람이 주체할 수 없는 나르시시즘적 에너지를 가지고 있다는 가정 자체가 오류이므로 대부분의 정상인은 나르시시스트가 될 수 없으며, 집단적 나르시시즘의 대상을 필요로 하지도 않는다. 따라서 대중의 나르시시즘적 경향이 광신집단을 형성하는 데 어느 정도 영향을 미치기는 하지만, 그것이 주요한 원인은 아니라는 결론을 내릴 수 있다.

근친상간적 고착

쇠퇴의 증후군을 구성하는 세 번째 요인은 근친상간적 공생이다. 프로이트는 모든 사람이 발달과정에서 이성 부모에 대한 성적 욕구와 동성 부모에 대한 증오 —남성의 경우 어머니에 대한 성적 욕구와 성적 경쟁자인 아버지에 대한 증오심— 로 집약되는 오이디푸스 단계를 통과하게 되며, 그것이 사람의 정신에 지울 수 없는 흔적을 남긴다고 주장했다. 그러나 프롬은 프로이트의 오이디푸스 이론을 다음과 같이 비판했다.

> 대체로 어린 소년은 어머니에 대한 성적 욕망을 갖고 어린 소녀는 아버지에 대해 성적 욕망을 갖는다는 데는 의심의 여지가 없다. 그러나 어버이의 유혹이 미친 영향이 이러한 근친상간적 충동의 매우 중요한 원인이 된다는 사실은 제쳐놓더라도, 성적 충동은 어머니에 대한 고착의 원인이 아니라 결과다.(171쪽)

여기에서 이 문제를 자세히 논할 수는 없지만, 어머니에 대한 성적 욕구가 어머니에 대한 고착을 낳는 게 아니라 어머니에 대한 고착이 어머니에 대한 성적 욕구를 낳는다는 프롬의 합당한 지적은 주목할 만한 가치가 있다. 사실 유아는 남녀 간의 성적인 차이나 성 행위가 무엇인지도 모르므로 어머니에 대한 성욕을 가질 수 없다. 다만, 생애 초기부터 어머니에게 과도하게 집착하게 된 유아 중 일부는 성인들의 성에 눈을 뜨게 된 후에는 그런 집착에다 성적인 색깔을 덧씌울 수 있는데, 그것이 바로 오이디푸스 콤플렉스이다. 따라서 오이디푸스 콤플렉스란 사람의 보편적인 동기가 아니라 부모관계에 문제가 있는 일부 사람들이 가지는 어머니에 대한 비정상적인 욕망이라고 할 수 있는 것이다.

비록 프롬은 오이디푸스 콤플렉스를 보편적인 현상으로 인정하는 한계를 가지고 있기는 했지만, 오이디푸스적 ─성적인─ 애착보다는 그 이전 시기의 비성적인 애착이 훨씬 더 중요하다고 강조했다.

> 소년과 소녀의 어머니에 대한 이러한 전 오이디푸스적 애착(이는 소
> 년의 어머니에 대한 오이디푸스적 애착과는 질적으로 다른 것이다)은 내 경험
> 으로 볼 때 훨씬 더 중요한 현상이며, 이것과 비교하면 어린 소년의 성
> 기적인 근친상간적 욕망은 이차적인 것에 지나지 않는다. … 이러한 현
> 상이 리비도가 나타나는 것이라기보다는 오히려, 리비도라는 말을 쓰
> 든 쓰지 않든 간에 소년의 성기적 욕망과는 전혀 다른 것이라고 그 성격
> 을 설명하고 싶다.(171쪽)

프롬에 의하면 '전 성기적 의미에서의 근친상간적 충동은 남성이
나 여성의 가장 기본적인 격정 가운데 하나'이다. 그렇다면 그러한
근친상간적 소망은 왜 생겨나는 것일까? 그것의 원인으로는 '사람의
보호받기 바라는 욕망, 나르시시즘적 충족, 책임이나 자유나 각성이
라는 모험으로부터 해방되려는 갈망, 무조건적 사랑에 대한 열망(이
것은 인간의 애정적 반응에 예외 없이 나타난다)'(167쪽) 등을 들 수 있다.
결국 성욕이 아닌 다양한 동기들이 함께 작용하여 어머니에 대한 강
한 애착을 만들어낸다는 것이다.

> 근친상간적 소망은 본래 성적 욕망의 결과가 아니라 사람의 가장 근
> 본적인 경향 가운데 하나, 곧 자기가 왔던 곳과의 유대를 잃고 싶지 않
> 다는 소망, 자유에 대한 두려움, 그 사람을 위해서라면 스스로 어떠한
> 독립성이라도 포기하고 무력해지는 바로 그 인물에 의해 파멸당하지나

않을까 하는 두려움 등을 구성하는 것이다.(186쪽)

프롬에 의하면 어머니에 대한 근친상간적 소망은 성인이 되어가면서 어느 정도 약화되기는 하지만 대부분의 어른들에게도 그대로 남아 있게 되며 경우에 따라서는 전면화될 수도 있다. 왜냐하면 어른들은 험악한 세상과 부대끼면서 자신이 무력하다는 사실을 뼈저리게 느끼게 되기 때문이다.

　어른은 자신이 통제할 수 없는 자연적이고 사회적인 힘, 예측할 수 없는 우발적인 사고, 그리고 불가피한 병과 죽음을 알고 있다. 이러한 환경에서 사람이 확실성과 보호와 사랑을 주는 힘을 미친 듯이 갈망하는 것보다 더 자연스러운 일이 있을까?(168쪽)

무력감에 사로잡힌 사람들은 어머니 혹은 어머니를 대신하는 대상에 의존하려 하는데, 그 집단의 규모가 점차 커짐에 따라 인종과 민족, 종파와 정당이 보호와 사랑을 보증해주는 '어머니들'이 된다.(169쪽) 사람은 이렇게 자신의 근친상간적 소망을 해결하기 위해 어머니와 동일시하는 집단을 선택해 그것에 의존하게 된다. 하지만 그 결과 '자신의 독립성, 자유, 그리고 책임감은 약화된다.'(173쪽)

근친상간적 소망은 다음과 같은 심각한 문제들을 초래할 수 있다.

첫째, 이성적이고 객관적인 사고능력을 손상시킨다. 어머니에 대한 근친상간적 고착이 심한 이는 통속적으로 말하면 병적인 마마보이라고 할 수 있는데, 그런 사람은 어머니를 공정하게 평가하지도 비판하지도 못한다. 다음 말에서도 알 수 있듯이 생애 초기부터 갖게 되는 그러한 심리적 취약성이야말로 그의 객관적인 사고능력, 이성적인 사고능력을 전반적으로 손상시키는 주범이다.

> 만일 어머니는 잘못을 저지를 수 없다면 다른 사람들이 '어머니'와 갈등을 일으키거나 어머니의 비난을 받을 경우 나는 그 사람을 어떻게 객관적으로 판단할 수 있을 것인가?(184쪽)

마음속에 의심할 수도 비판할 수도 없는 커다란 불가침의 성역을 가지고 있는 마마보이는 현실생활에서 공정한 판단을 잘 하지 못할 뿐 아니라, 역사적 사실이나 사회현상을 해석 ―예를 들면 남녀 간에 갈등이 있거나 쌍방 간에 책임을 따져야 할 경우 일방적으로 여성 편을 든다― 할 때에도 편파성을 드러내는 경우가 많다.

둘째, 어머니 이외의 대상들에 대한 심한 배타성이다. 나르시시스트의 심리적 에너지가 온통 자기한테 쏠려 있다면 근친상간적 소망을 가진 이의 에너지는 온통 어머니를 향해 있다. 따라서 그는 '다른 사람을 충분히 사람으로서 경험하지 못'하며, 만일 어머니를 자기 종족이나 민족과 동일시하게 되면 그는 '오직 같은 피나 땅을 나누어 갖고 있는 사람들'만을 '사람다운 것으로 생각'하는 반면 이방인들은 야만인으로 간주하게 된다. 이런 식으로 근친상간적 소망은 타인 혹은 다른 사회집단을 '사랑하는 능력을 손상시키거나 파괴한다.'(184쪽)

어머니 같은 인물 이외의 다른 사람에게 사랑이나 관심이나 충성을 느끼는 것은 죄다. 어머니는 배타적인 충성을 요구하기 때문에 일을 비롯해 어떤 다른 사람이나 다른 일에도 관심을 가져서는 안 된다. … 그들이 어머니를 거역할 수는 없기 때문이다.(176쪽)

셋째, 개인으로서의 독자성 상실이다. 어머니에게 근친상간적으로 고착되어 있는 사람은 어머니로부터 자신을 분리해본 경험이 없고 분리할 수 있는 용기도 가지고 있지 않다. 그래서 그는 자신의 독립성을 포기한 채 어머니와 한 덩어리가 되어 살아가며 어머니로부터 분리되는 것을 극도로 두려워한다. 그 결과 '어머니나 종족에게 결합되어 있는 사람은 … 세계를 향해 열릴 수도 없고 세계를 받아들이지도 못'하므로 '언제나 어머니와 인종, 민족, 종교 고착에 갇혀 있'(185쪽)게 된다.

어머니 고착의 가장 심각한 단계는 '근친상간적 공생' 단계다. '공생'은 무엇을 뜻하는가? … 공생적으로 달라붙어 있는 사람은 그가 달라붙어 있는 '숙주' 같은 사람의 한 부분이고 그 사람과 한 덩어리다. 그는 이 사람 없이는 살 수 없으며 만일 이러한 관계가 위협받으면 몹시 불안해지고 두려워진다.(179쪽)

넷째, 죽음을 사랑하는 경향이다. 어머니와의 근친상간적 공생이 극단으로 치달으면, 어머니의 '자궁으로 되돌아가려는 욕망'이 나타난다. 어머니의 자궁 속에 머물러 있는 것이야말로 가장 원초적인 어머니와의 공생관계이기 때문이다. 그런데 프롬에 의하면 '자궁 속에 있다는 것은 삶으로부터 떠나 있는 것'(181쪽)이므로 자궁으로 되돌아가려는 욕망이란 곧 죽음을 사랑하는 경향이다.

프롬은 '어머니 같은 사람이나 어머니와 동일한 것들, 즉 혈연, 가족, 종족에 결합되어 있으려는 경향은 모든 사람에게 고유한 것'(186쪽)이라고 말했다. 그런데 이런 근친상간적 공생을 추구하는 경향은 죽음을 사랑하는 경향과 하나로 통하기 때문에 성장하려는 경향, 삶을 사랑하는 경향과 끊임없이 갈등을 일으키게 된다.

> 사람은 태어나는 순간부터 두 경향, 곧 하나는 빛 속으로 나아가려는 경향과 또 하나는 자궁 속으로 퇴행하려는 경향, 하나는 모험을 하려는 경향과 또 하나는 확실성을 구하는 경향, 하나는 독립된 모험을 감행하려는 경향과 또 하나는 보호와 의존을 구하는 경향 사이에서 갈팡질팡하고 있다.(169쪽)

비록 '정상적인 발달의 경우에는 성장하려는 경향이 승리한다'는 단서를 달기는 했지만, 프롬은 모든 사람이 근친상간적 소망을 가지고 있으며 그것은 '사람의 가장 근본적인 경향 가운데 하나'라고 강조했다. 하지만 이런 주장에는 동의할 수 없는데 그 이유는 다음과 같다.

첫째, 생애 초반기에 가지는 어머니에 대한 애착을 성인의 근친상간적 소망과 동일시하는 것은 잘못이다. 어머니에 대한 어린아이의 애착은 독립성의 적이 아니라 그것의 가장 큰 원천이다. 일반적으로 어머니에게 정상적인 애착을 형성한 아이는 그것을 발판삼아 독립성을 획득하는 데로 나아가는 반면, 어머니에게 정상적인 애착을 형성하지 못한 아이는 의존성을 갖게 되는 경우가 많다. 이것은 어머니에 대한 애착이 독립성과 반비례하지 않으며 오히려 정비례한다는 것을 보여준다. 따라서 일부 성인에게서 볼 수 있는 독립성 상실과 의존성, 어머니 혹은 어머니와 동일시되는 대상에 대한 고착은 퇴행의 결과가 아니며 더욱이 그것은 어린 시절의 어머니에 대한 애착과는 다르다. 어머니에 대한 애착관계를 비롯해 어린 시절에 심리적 문제가 있었던 사람들은 성인이 되어서까지 독립심을 획득하지 못해 계속 의존심을 가지고 살 수 있는데, 나는 이를 '진행형 의존심'[진행형 의존심과 퇴행형 의존심에 대해서는 『불안증폭사회』(김태형, 2010, 위즈덤하우스) 136~145쪽을 참고]이라고 명명한 바 있다. 프롬이 말하는 근친상간적 소망은 기본적으로 이것과 관련이 있는 현상이다. 물론 사람들은 특정한 상황 하에서는 퇴행형 의존심을 가질 수 있다. 하지만 그러한 퇴행형 의존심 역시 어린 시절의 어머니에 대한 정상적인 애착으로 퇴행한 결과가 아니라 정상적인 성인들의 사회적 무력감에 기초한 일시적인 의존적 경향의 표면화와 관련이 있다.

둘째, 근친상간적 경향은 모든 사람이 가지고 있는 기본 경향이 아니다. 설사 모든 사람이 어린 시절에 프롬이 말하는 근친상간적 소망을 갖고 있었다고 하더라도 그것은 어른들의 그것과는 질적으로 다르다. 어린아이에게 있어서 부모에 대한 의존은 독립할 수 있는 능력이 없는 상태에서의 의존이고 정상적인 어른의 어떤 대상에 대한 의존은 독립할 수 있는 능력이 있는 상태에서의 의존이다. 즉, 전자의 의존은 다른 선택의 여지가 없는 유일한 생존방식이고 정상적인 발달단계에 속하는 것이지만 후자의 의존은 선택의 여지가 있는 상태에서 심리적 문제로 인해 불가피하게 선택하는 비정상적인 현상인 것이다. 여기에서 알 수 있듯이 성인들의 근친상간적 소망은 어린 시절부터 소유하고 있었던 기본적인 경향성의 표출이 아니라 일시적인 정신병리적 소망에 불과하다. 따라서 정상인들이 특정한 사회적 조건하에서 드러내는 근친상간적 경향은 사람의 기본 경향이 아니다. 정상적인 성인은 기본적으로 의존이 아니라 독립을 원하고 추구하는 경향을 가지고 있기 때문이다.

셋째, 설사 사람들에게 어머니의 자궁으로 되돌아가려는 경향이 있다고 하더라도 그것을 죽음을 사랑하는 경향과 같은 것으로는 볼 수 없다. 어머니의 자궁은 보는 관점에 따라 달리 해석될 수 있다. 프롬은 그것을 죽음으로 보았지만 다른 관점에서 보면 그것은 '삶의 시작'일 수도 있는 것이다. 따라서 현실에서 심각한 무력감을 느끼게 되어 일시적으로 의존적인 어린 시절로 돌아가려는 동기를 갖게 된다고 해서 그것을 죽음을 사랑하는 경향으로 간주할 수는 없다. 그것은 오히려 현실에서의 삶이 좌절된 것을 보상 —오 어머니! 저를 좀 살려 주세요!— 하려 하거나 누군가에게 의존해서라도 삶을 이어가려는 힘겨운 몸부림이 낳은 결과이므로 삶을 포기하고 죽음을 원하는 것과는 거리가 멀다.

마지막으로 프롬이 사용하는 '근친상간'이라는 개념도 문제이다. 그는 어머니에 대한 전 오이디푸스적인 애착이나 고착이 비성적인 것이라고 말했다. 그러나 근친상간이라는 단어는 가족이나 친족 사이의 비정상적인 성적 관계를 지칭할 때 사용하는 것이다. 따라서 최소한 어머니에 대한 전 오이디푸스적 관계와 관련해서는 '근친상간' 이라는 단어를 사용하면 안 된다. 프롬이 말하는 근친상간적 고착이 란 어머니에 대한 병적인 애착 혹은 갈망과 관련이 있으므로 '어머니 에 대한 병적인 소망 혹은 고착' 정도로 표현하는 게 옳을 것이다.

악의 본성: 쇠퇴의 증후군

프롬은 죽음을 사랑하는 경향, 나르시시즘적 경향, 근친상간적 고 착 경향을 쇠퇴의 증후군을 구성하는 세 가지 요소로 지목했다.

죽음에 대한 사랑, 악성 나르시시즘, 공생적 – 근친상간적 고착 (symbiotic–incestuous fixation) … 이러한 세 가지 경향이 결합될 때에는 쇠 퇴의 증후군, 다시 말해 사람들로 하여금 파괴를 위해 파괴하게 하고 증 오를 위해 증오하게 하는 일종의 증후군을 형성한다.(26쪽)

여기에서 죽음에 대한 사랑은 삶에 대한 사랑, 나르시시즘은 사람 (타인)에 대한 사랑, 근친상간적 고착은 독립성과 각각 대립되며 후자 는 성장의 증후군을 형성한다. 그런데 프롬이 『인간의 마음』에서 긴 지면을 할애하여 쇠퇴의 증후군을 상세하게 파헤쳤던 것은 그가 이것을 '참된 악의 본질'(55쪽)로 보고 있어서이다. 다시 말해 그는 '선=성장의 증후군', '악=쇠퇴의 증후군'이라고 보고 있는 것이다.

> 이런(쇠퇴의) 증후군은 악의 전형을 보여주며, 병리학적으로 가장 심
> 각한 것인 동시에 가장 악랄한 파괴성과 잔인성의 근원이 되기도 한
> 다.(56쪽)

대부분의 인류가 성장의 증후군을 가지게 되는가 아니면 쇠퇴의 증후군을 가지게 되는가 하는 것은 사회적 조건에 따라 달라질 수 있다. 예를 들면 '전쟁과 폭력 분위기는 쇠퇴의 증후군을 가진 사람이 그 힘을 충분히 발휘하게 되는 상황'(193쪽)이다. 하지만 비록 사회적 환경이 어떠냐에 따라 선과 악 중에서 한쪽은 조장되고 다른 쪽은 억제되지만, 사회적 조건 그 자체가 악을 만드는 것은 아니다. 왜냐하면 '악'은 모든 사람의 내면에 존재하는 '인간성의 상징이기 때문'(263쪽)이다.

> 악은 각별히 인간적인 현상이다. 그것은 사람 이전의 상태로 퇴행하
> 고 각별히 사람답게 만드는 것, 곧 이성과 사랑과 자유를 제거하려 하는
> 것이다.(261쪽)

프롬에 의하면 사람은 마음속에 선과 악을 모두 가지고 있는 존재이다. 즉 '사람은 삶을 창조하지 못하면 파괴하지 않을 수 없기 때문에 파괴적이고 가학적인 폭력에 대한 잠재력을 갖'(46쪽)고 있는 그런

존재라는 것이다. 삶을 창조하지 못할 경우 파괴를 하게 된다는 논리는 납득하기 어렵지만, 아무튼 프롬의 이론에 의하면 삶을 사랑할 수 있는 조건에서 사람은 선해지지만 삶이 좌절될 경우에는 악해진다.

정신분석학자이기도 한 프롬은 선과 악을 정신병리와 관련된 문제로 보고 있다. 그는 악의 본질인 쇠퇴의 증후군을 '병리학적으로 가장 심각한 것'이라고 말했는데, 여기에서도 그런 입장을 읽을 수 있다. 나 역시 진정한 악은 정신병리와 결합되지 않고서는 존재하기 힘들다고 보기 때문에 악이 정신병리와 관련이 있다는 프롬의 주장에 기본적으로 동의한다. 그럴 가능성이 높아지는 것은 분명하지만 지배집단이나 착취집단에 속해 있다고 해서 사람이 모두 악인이 되는 것은 아니다. 살인이 용납되는 전쟁에서라고는 해도 거리낌 없이 무차별학살을 저지르거나 이윤을 추구하는 자본주의적 경쟁과정에서라고는 해도 그 끝을 가늠할 수 없는 지독한 탐욕을 드러내는 이의 정신은 분명히 병들어 있다. 같은 이치에서 피지배계급이나 피착취계급에 속한다고 해서 사람이 모두 선인이 되는 것 역시 아니다. 이런 점에서 선이 건강한 마음, 악이 정신장애와 각각 관련이 있다는 것은 부정할 수 없는 사실이다.

프롬은 사회가 병들수록 그 사회에서 살고 있는 사람들이 정신병에 걸릴 확률이 높아지고 그에 따라 광적인, 악한 집단이 출현할 위험이 커진다고 주장했는데, 이런 주장은 기본적으로 타당하다. 그러나 사람이 개인적, 집단적 정신병에 걸릴 가능성을 가지고 있다고 해서 사람의 마음 깊은 곳에 악이 내재해 있다고까지 말하는 것은 지나친 비약이다. 왜냐하면 프롬이 말한 것처럼 만일 중증 정신병이 곧 악이라면 악은 모든 사람에게 잠재되어 있는 인간성이라고는 말할 수 없기 때문이다. 정신병, 특히 프롬이 말하는 쇠퇴의 증후군 같은 가장 심각한 정신병에는 수많은 인류 중에서 극히 일부 사람들만이 걸린다. 즉, 세상이 아무리 형편없더라도 대부분의 사람들은 죽음을 사랑하는 사람, 나르시시스트, 근친상간적 고착 상태에 머물러 있는 그런 사람이 되지는 않는다는 것이다.

삶이 그들을 좌절시키더라도 대부분의 사람들은 쇠퇴의 증후군 같은 극단적인 정신병이 아닌, 결코 악으로는 간주할 수 없는 무기력증이나 우울증 등에 걸린다. 그런데 삶이 좌절되었을 때, 즉 악한 사회에 의해 삶이 위협당할 때 사람들이 크고 작은 정신병을 앓게 되는 것은 역설적으로 그들의 기본 마음이 선하다는 것을 반증한다. 베트남전에 참여했던 상당수의 미군 병사들은 마약중독에 빠져들었고 각종 정신질환에도 시달렸다. 하지만 마약중독에 걸렸던 병사들 중 대부분은 미국으로 돌아간 뒤에는 스스로 마약중독을 끊었다. 이처럼 악을 강요당하는 사람은 크고 작은 정신병에 시달리게 되는 반면 악을 강요당하지 않는 조건에서는 정상 상태로 회복될 수 있는데, 이것은 악이 사람의 본성에 맞지 않다는 것을 보여준다. 따라서 비록 사람들은 누구라도 이런저런 이유로 정신병에 걸릴 수 있지만 그렇다고 해서 그것을 두고 사람이 악의 잠재력을 가지고 있다고 말할 수는 없다.

'악의 정도는 동시에 퇴행의 정도다'(262쪽)라는 말에서 알 수 있듯이, 프롬은 쇠퇴의 증후군을 퇴행의 결과로 보았다. 그런데 어린 시절로의 퇴행이 왜 악인 것일까? 프로이트는 어린이의 심리는 동물이나 원시인의 그것과 유사할 것이라고 가정했는데, 동물이나 원시인은 악하므로 어린이도 악하다고 생각했다. 이를 프로이트의 정신구조론에 입각해 말하면 동물, 원시인, 어린이는 원초아(id: 동물적 본능)만을 가지고 있는 반면 정상적인 어른은 원초아, 자아(ego: 이성적 사고능력), 초자아(superego: 부모와 사회가 강요하는 규범이나 규칙)를 모두 가지고 있다고 할 수 있다. 그런데 프롬도 이런 프로이트의 견해를 그대로 고수하고 있는 듯하다. 왜냐하면 그 역시 '사람 이전의 상태로 퇴행'하는 것을 악이라고 주장하고 있기 때문이다. 프롬은 '원초적 충동이 억압된 경우'에는 '전쟁, 천재지변, 사회적 분열 같은 특별한 환경에 의해 쉽게 통로가 열려 억압된 원초적 충동이 분출할 수 있'다고 우려했다. 반면에 모든 사람이 전진적 단계에 도달한 이상적인 사회에서는 '원초적 충동은 억압'되지 않고 '대체'되는데, 그런 경우에도 사람의 '원초적 잠재력이 완전히 사라'질 수는 없다고 믿었다.(212쪽) 결국 어떤 경우에도 사람의 악한 원초적 충동 혹은 잠재력은 사라질 수 없다는 것이다. 이를 고려해보면 프롬 역시 프로이트처럼 사람의 내면 깊은 곳에 동물적 본능이 있으며, 그것이 악과 관련이 있다고 믿었음을 알 수 있다. 하지만 선과 악의 문제는 오직 사람의 사회 속에서만 제기되고 논의될 수 있는 문제이지 동물의 세계에서는 아예 제기될 수조차 없다. 사자는 악하고 얼룩말은 선하다거나 늑대는 악하고 양은 선하다고 말할 수 없는 것은 사회적 존재가 아닌 동물에게는 사회와의 관계 문제가 제기되지 않기 때문이다. 반면에 사회적 존재인 사람에게는 개인과 사회와의 관계 문제를 해명하는 것이 매우 중요한데, 이때 자기를 타인들이나 사회보다 우선시하는 것을 이기주의, 자기보다는 타인들이나 사회를 우선시하는 것을 이타주의라고 한다. 많은 심리학자들이 선과 악을, 이타주의와 이기주의 문제로 간주하고 있는 것은 이러한 사정과 관련이 있다. 아무튼 선악의 문제는 지구상에 존재하는 유일무이한 사회적 존재인 사람에게만 해당되는 문제이다. 따라서 사람이 사람 이전의 상태로 퇴행한다는 것은 현실적으로 불가능할 뿐만 아니라 설사 그렇게 되더라도 그는 악마가 아니라 선악과는 무관한, 그저 본능에 따라 살아가는 동물이 될 뿐이다.

결론적으로 죽음에 대한 사랑은 퇴행의 결과가 아니며 나르시시즘 역시 퇴행의 결과가 아니다. 근친상간적 고착 역시 마찬가지다. 게다가 다시 한 번 강조하지만 세상이 아무리 나빠지더라도 그런 쇠퇴의 증후군을 가질 수 있는 사람은 극히 소수이다. 사람은 기본적으로 살려는 경향, 그것도 사회적 존재로서 살며 발전하려는 경향을 가지고 있다. 물론 이런 경향이 좌절되면 많은 사람들이 크고 작은 정신병에 걸리기도 하지만 그것은 프롬이 말하는 쇠퇴의 증후군 같은 중증 정신병은 결코 아니다. 그러므로 사람은 선하기도 하고 악하기도 하다는 견해, '사람은 퇴행하는 경향 그리고 전진하는 경향을 갖고 있다'(263쪽)는 프롬의 주장은 잘못이다. 심리학적 관점에서 말하자면 사람은 기본적으로 친사회적이며 이타적인 존재, 즉 선한 존재이다. 바로 그렇기 때문에 친사회적이고 이타적으로 사는 사람의 정신은 건강하지만 반사회적이고 이기적으로 사는 사람의 정신은 병에 걸리는 것이다.

심리학적 관점에서 본 개인의 자유

자유란 무엇인가? 사람에게는 자유가 있는가 없는가?

철학에서 자유는 필연성과 밀접한 관련이 있다. 필연이란 '달리 될 수 없고 반드시 그렇게만 되는 것'인데, 자유란 객관세계의 필연성을 인식하고 그 작용을 통제이용하며 지배하는 것이다. 필연성은 사람의 의지나 의사와는 관계없이 객관적으로 작용한다. 예를 들면 지구는 태양의 주위를 돌고 있는데, 그것은 사람의 의지나 의사와는 관계없는 객관적인 현상이다. 사람은 신이 아닌 자연과 사회 속에서 살고 있는 물질적 존재이므로 주위세계의 객관적 필연성에 의하여 제약된다. 즉, 사람에 의하여 인식되지 않는 필연성은 사람의 행동을 구속한다는 것이다. 자연과 사회의 객관적 필연성을 파악하지 못한 사람은 주위세계를 개조변혁하기 위한 목적의식적인 활동을 벌여나 갈 수 없으며 파괴적으로 작용하는 객관적인 힘 앞에서 무력하다. 만일 기우제를 지내면 비가 온다고 믿어서 기도만 하다가는 농사를 망칠 것이고 돌이 물에 뜬다고 믿어서 돌로 배를 만든다면 물에 빠져 죽게 될 것이다. 자유는 객관적 필연성을 파악하고 그에 의거하여 적극적이며 능동적인 행동을 벌임으로써 현실세계에 대한 지배를 실현할 때에만 보장된다. 따라서 사람의 자유는 주위세계의 필연성에 대한 인식 정도와 자연과 사회에 대한 지배 정도에 의존한다고 할 수 있다.

그런데 프롬이 말하고 있는 자유는 철학에서 논하고 있는 인류 혹은 사람의 자유와는 다르다. 그는 자유의 범위를 선악에 대한 선택의 자유에 관한 문제로 국한시키고 있다. 즉 프롬은 자유를 '반대되는 것을 양자택일해야 할 때 선택하는 능력'(231쪽) 혹은 '양자택일과 그 결과를 알고 그것을 바탕으로 행동하는 것'(251쪽)으로 규정하고 있다. 일단 자유의 개념을 이렇게 좁게 정의하고 나서 그는 사람에게 과연 자유가 있는지 묻는다.

물질적으로나 정신적으로나 가난하게 자라온 사람, 다른 사람에 대한 사랑이나 관심을 전혀 경험해보지 못한 사람, 다년간 알코올 중독으로 음주가 체질화한 사람, 자신의 환경을 바꿀 수 있는 가능성이 전혀 없는 사람, 이러한 사람도 진정 '자유롭게' 선택을 한다고 주장할 수 있을까?(219쪽)

이 말에서 알 수 있듯이, 프롬이 보기에 크고 작은 정신병을 앓고 있는 사람 ―건강하지 못한 무의식적인 동기에 지배당하는 사람―에게는 선을 선택할 자유가 거의 없다. 예를 들면 중증 알코올중독자에게 술을 마시지 않을 자유, 나르시시스트에게 이기적으로 행동하지 않을 자유란 거의 없다는 것이다. 반면에 정신이 매우 건강한 사람에게는 사악한 동기가 없을 것이므로 그에게는 악을 선택할 자유가 거의 없다. 결국 인격적으로 양극단에 위치한다고 할 수 있는 성인군자나 정신병자에게는 선택의 자유가 없다는 것이다.

그렇다면 성인군자도 정신병자도 아닌 보통 사람들의 경우라면 어떨까? 그들에게는 선과 악 중에서 하나를 선택할 자유가 있을까? 프롬은 '가장 착한 사람과 가장 나쁜 사람에게는 선택의 자유가 없고 단지 모순된 성향을 지닌 평범한 사람만이 자유롭다'(232쪽)고 말했다. 한마디로 보통 사람만이 선악을 선택할 자유를 가진다는 것이다. 이렇게 평범한 사람만이 선택의 자유를 가지는 까닭은 그의 마음속에서 선과 악의 두 가지 상반되는 경향이 갈등하고 있어서이다.

　　인간이 본질적으로 착하다든가 악하다든가 해서 선악을 마치 실체처럼 보는 것은 타당하지 않고, 선악의 문제는 우리 마음속 모순되는 두 성향 가운데 어떤 것을 택하는가 하는 선택의 문제, 따라서 양자택일의 문제이다.(266쪽)

　사람의 마음속에서 선한 경향과 악한 경향이 싸우고 있다는 프롬의 견해는 동물적 본능을 대변하는 원초아(id)와 사람의 이성을 대변하는 자아(ego)가 서로 싸우고 있다는 프로이트의 견해와 일맥상통한다. 아무튼 프롬은 선과 악을 선택하는 자유의 능력은 그 사람이 어떤 삶을 살았느냐에 의해 달라지게 된다고 강조했다.

　　선택의 자유는 … 오히려 그 사람의 인격구조의 기능이다. 인격구조가 선에 따라 행동할 능력을 잃었기 때문에 선을 선택할 자유를 갖지 못하는 사람이 있는가 하면, 바로 그들의 인격구조가 악에 대한 갈망을 상실했기 때문에 악을 선택할 능력을 잃어버린 사람도 있다.(230쪽)

사람의 선택 능력이 실생활과 함께 끊임없이 변화하는 것은 잘못된 선택을 오래 계속하면 할수록 마음이 나쁜 쪽으로 굳어지고 올바른 선택을 하면 할수록 마음이 좋은 쪽으로 변해가기 때문이다. 나이를 먹어갈수록 사람의 인격은 어느 쪽으로든 점점 더 견고해져가고 일정한 단계를 넘어서면 거의 변하지 않게 된다. 행복한 환경에서 자라나 착한 행동을 많이 했던 사람은 선한 인격을 갖게 되지만 불우한 환경에서 자라나 악한 행동을 많이 했던 사람은 악한 인격을 갖게 되는 식으로 성인기가 되면 특정한 인격 혹은 심리가 만들어진다는 것이다. 그리고 그에 따라 자유의 범위는 점점 더 축소된다. 이렇게 선과 악을 선택하는 자유는 인격 —프롬의 표현으로는 인격구조— 과 불가분의 관계에 있기 때문에 인격형성에 조금이라도 악영향을 미치게 될 나쁜 행동은 시작조차 하지 않는 게 좋다. 한두 번의 도덕적 패배는 더 많은 패배를 하게 만들어 사람을 마침내 돌이킬 수 없는 상태로까지 몰고 가 자유를 사라지게 할 수 있기 때문이다.

잘못된 길을 걸으면 걸을수록 자신들이 잘못된 길로 가고 있다는 것을 인정하기가 더욱 어려워지게 된다. 그것은 흔히 맨 처음 잘못 들어선 곳으로 되돌아가야 한다는 것을 인정하고, 정력과 시간을 낭비해왔다는 사실을 인정해야 한다는 것이 싫기 때문이다.(244쪽)

만일 자유라는 개념을 프롬처럼 협소하게 규정하는 것에 동의한다면, 자유에 대한 그의 견해는 기본적으로 타당하다고 할 수 있다.
한편 프롬은 사람이 자유를 더 많이 얻으려면 필연성을 인식해야 한다는 전통적인 처방도 함께 제시하고 있다. 특히 그는 우리의 마음과 행동을 결정하는 무의식적인 힘까지 알아야만 비로소 자유로울 수 있다고 강조했는데, 이것은 간과할 수 없는 중요성을 갖는다. 인류는 자연에 존재하는 필연성을 인식하고 그것을 이용하고 지배하는 데서는 장족의 발전을 이루었지만 사회역사에 존재하는 필연성, 인간심리에 작용하는 필연성을 인식하는 데서는 고전을 면치 못하고 있다. 이런 점에서 그것이 옳건 그르건 간에 사회역사적 필연성을 규명하기 위해 마르크스가 사적 유물론을 창시하고, 심리적 필연성을 규명하기 위해 프로이트가 정신분석학을 창시했던 것은 이런 한계를 극복하기 위한 노력의 일환이었다고 평가할 수 있을 것이다.

> 마르크스도 프로이트 … 둘 다 사람은 인과법칙에 의해 결정되지만 각성과 올바른 행동에 의해 자유의 영역을 만들어내고 확대할 수 있다는 의견이었다. 자유의 최적조건을 획득하고 필연의 쇠사슬로부터 벗어나는 것은 그 사람 개인에게 달려 있다. 프로이트의 경우 무의식을 아는 것이, 마르크스의 경우 사회적·경제적 힘과 계급의 이익을 아는 것이 해방을 위한 조건이었다. 두 사람에게 있어서는 이러한 각성에 덧붙여 능동적인 의지와 투쟁이 해방의 필요조건이었다.(221쪽)

사람에게는 선과 악을 선택할 자유가 있다는 프롬의 견해가 그리 새삼스러울 것은 없지만 '자유'라는 개념은 그것보다는 훨씬 더 포괄적인 개념임을 강조하지 않을 수 없다. 프롬처럼 자유를 협소하게 정의하면, 인격적으로 훌륭한 사람일수록 자유롭지 않다는 해괴한 결론에 도달하게 되는데 이것은 필연의 쇠사슬로부터 벗어나기 위해서, 자유를 위해서 각성 혹은 의식화가 필요하다는 그 자신의 목소리와도 모순된다. 사실상 프롬이 다루고자 했던 주제는 자유의 문제라기보다는 도덕적 선택능력과 관련이 있으므로, 이 양자를 분리해서 고찰했으면 이론적 혼란을 피할 수 있었을 것이다.

아울러 사람이 어떻게 살아가는가에 따라 도덕적 선택능력이 좌우된다는 프롬의 견해는 타당하지만, 그러한 도덕적 선택이 사람의 마음속에 내재해 있는 선한 경향과 악한 경향과 관련이 있는 것은 아니라는 점도 지적하고 싶다.

7

사람의 본질은 무엇인가

인류는 사람의 본질이 무엇인가를 두고 수많은 의견들을 제시해 왔다. 프롬은 이러한 의견들을 크게 두 가지로 구분하고 있는데, 그 하나는 '사람의 본질 같은 것은 없다는 견해'이고 다른 하나는 '사람의 본질이 있다는 견해'이다.

사람의 본질 같은 것은 없다는 견해는 '인류학의 상대론이 주장하는 것으로 사람은 사람을 형성시키는 문화적 패턴의 소산에 지나지 않는다는 주장이다.'(202쪽) 사람은 주어진 환경에 따라 이리저리 변하는 카멜레온 같은 존재라는 이러한 견해는 행동주의 심리학에서도 그대로 되풀이되고 있다. 반면에 사람의 본질이 있다는 견해는 프로이트의 정신분석학을 비롯한 사실상의 모든 역동 심리학이 기초로 삼고 있는 전제이다.(202쪽) 역동 심리학이란 간단히 말해 사람에게 가장 중요한 것을 동기로 보고 그것이 야기하는 심리적 힘의 움직임을 중심으로 인간심리를 파악하는 심리학이다. 프로이트는 사람의 기본 동기를 성적 본능과 죽음 본능으로, 융은 집단무의식으로, 아들러는 권력욕으로 각각 다르게 규정했지만 그들은 모두 기본 동기가 사람의 본질을 규정한다고 믿었던 동기이론가라는 공통점을 가진다.

프롬은 사람에게는 어떠한 본질도 없다는 견해에 찬성하지 않는다. 원칙적으로 말해 본질이 없는 사물현상이란 존재할 수가 없는데다가, 사회역사적 환경이 바뀔 때마다 사람의 본질이 이러저러하게 변한다고 볼 근거가 없기 때문이다. 동시에 그는 사람에게 상대적으로 불변하는 어떤 본질이 있다는 견해에 대해서도 회의적이다. 인류는 역사적으로 계속 성장하고 발전해왔는데, 그렇다면 사람의 본질 역시 어느 정도는 변화해야 마땅하다고 보았기 때문이다.

그렇다면 프롬은 사람의 본질에 대해 어떤 견해를 가지고 있었을까? 그는 사람을 두 가지 모순을 가지고 있는 특이한 존재로 규정했다. 사람이 가지는 첫 번째 모순은 사람은 동물이지만 사회와 문명을 떠나서는 생존할 수가 없다는 모순이다.

사람은 동물이지만 사람의 본능적 장치는 다른 모든 동물의 본능적 장치와 비교하면 불완전하며, 물질적 욕구를 만족시키는 수단을 만들어내고 언어와 도구를 발달시키지 않는 한 생존을 보장하기에 불충분하다.(203쪽)

사람의 가지는 두 번째 모순은 사람은 자연과 한 몸인 동물인 동시에 고도로 뛰어난 지적 능력을 가지고 있는 자연을 초월하는 존재라는 모순이다.

사람에게는 다른 동물과 마찬가지로 직접적이고 실제적인 목적을 달성하기 위해 사고과정을 이용하게 하는 지능이 있지만 다른 동물은 갖지 못한 또 하나의 정신적 특성이 있다. 사람은 자기 자신을 알고, 과거와 미래(이것은 죽음이다)를 알고, 자신이 보잘것없고 무력하다는 것을 알고 있다. … 사람은 처음으로 삶을 삶 자체로 자각하는 자이기 때문에 그 밖의 모든 다른 삶을 초월한다. 사람은 자연 속에 있고 자연의 명령과 우발적 사건에 묶여 있지만 동물을 자연의 한 부분으로(자연과 한 몸으로) 만드는 무자각 상태에 있지 않기 때문에 자연을 초월한다.(204쪽)

사실 프롬이 설명한 사람의 두 가지 모순은 본질적으로 서구의 '고전적인 견해, 다시 말해 사람은 육신이고 영혼이며, 천사이고 짐승이며, 서로 갈등하는 두 세계에 속한다는 견해와 똑같은 것'(205쪽)이다. 서구의 지성들은 전통적으로 사람 혹은 사람의 마음을 '비이성 대 이성'이라는 인식 틀을 가지고 고찰해왔는데, 여기에서 비이성이란 동물적 속성, 이성이란 인간적 속성을 의미하므로 그것은 결국 사람을

'동물 대 인간'이라는 인식 틀에 기초해 분석하는 것이라고 말할 수 있다. 비이성 쪽에 원초아(id), 이성 쪽에 자아(ego)를 각각 위치시키고 사람의 마음이 이 양자 사이의 갈등에 의해 결정된다고 주장했던 프로이트의 이론이야말로 이런 구도에 충실한 대표적인 예이다. 프롬 역시 같은 맥락에서 고민을 했는데, 다음과 같은 말에 그의 견해가 잘 드러나 있다.

> 사람은 자연의 포로이면서 사고에 있어서는 자유롭다는, 다시 말해 자연의 한 부분이면서 동시에 자연의 기형이라는, 이도 저도 아니라는 무서운 갈등에 부딪친다.(204쪽)

프롬에 의하면 동물인 동시에 동물이 아니라는 무서운 갈등을 해결하는 방법에는 두 가지가 있다. 첫 번째 해결방법은 '자연으로, 동물적 생활로, 조상들에게로 돌아가려' 하는 '퇴행적 대답'이다. 이것은 사람이 사람이기를 포기하고 '이성과 자각을 제거'함으로써 '심한 정신병리' 상태에 빠져들어 동물적 존재로 퇴행하는 것을 말한다. 이 해결방법을 사용하는 경우 '이러한 공통된 어리석음에 참여하는 개인은 완전한 고립감이나 분리감을 갖지 않으며 따라서 전진적인 사회에서 겪게 될 강렬한 불안감을 느끼지 않는다.'(206쪽) 하지만 사람이기를 포기하고 동물이 되는 것은 그것이 가능하든 가능하지 않든 간에 올바른, 건강한 해결책은 아니다. 두 번째 해결방법은 '모든 인간적인 힘, 자기 내면의 인간성을 충분히 발달시켜 새로운 조화를 찾으려는 해결방법'인 '전진적 해결'이다. 다소 모호하게 설명되고 있는 이 전진적 해결이란 '사람의 새로운 목표, 곧 충분히 사람다워져서 잃어버린 조화를 다시 찾으려는 목표'(207쪽)를 추구하는 것이다.

프롬은 동물이 될 것이냐 사람다운 사람이 될 것이냐 하는 양자택일의 문제야말로 모든 종교가 공통적으로 씨름해온 화두라고 강조했다.

> 모든 새로운 종교의 사상 개념은 서로 달랐지만 사람에게 기본적인 양자택일이 있다는 사상만은 공통되었다. 사람은 두 가지 가능성, 곧 퇴행 가능성과 전진 가능성을 선택할 수 있을 뿐이다.(209쪽)

지금까지의 논의에 기초해 프롬은 사람의 본질을 사람에게 내재하는 모순으로 정의하자고 제안한다. 즉 동물인 동시에 동물이 아니라는 내재적 모순을 사람의 본질로 보자는 것이다.

> 나는 사람의 본질을 타고난 소질 또는 실체로 정의하지 않고 인간 존재에 내재하는 모순으로 정의할 때 이와 같은 딜레마를 해결할 수 있다고 믿는다.(203쪽)

그러나 '인간 존재의 여러 형태들은 본질이 아니라 갈등에 대한 대답이며, 갈등 자체가 본질'(206쪽)이라는 프롬의 견해는 타당하지 않다.

국어사전의 정의에 의하면 '본질(本質)'이란 '사물이나 현상을 성립시키는 근본적인 성질'이다. 즉 본질이란 어떤 사물현상을 바로 그것이게끔 하는 근본적인 성질이나 속성, 따라서 그것이 사라지면 다른 사물현상으로 바뀌게 되는 그런 근본적인 성질인 것이다. 마차와 자동차를 비교해보면 그것들은 모두 다 사람이 이동하거나 물건을 운반하는 데 사용하는 도구이며 의자와 문짝이 있다거나 네 개의 바퀴를 가지고 있다는 등의 여러 공통점을 발견할 수 있다. 동시에 자동차는 마차와는 달리 말이 외부에서 끄는 게 아니라 엔진의 힘을 통해 자력으로 움직인다는 차이점도 알 수 있다. 이 경우 자동차의 본질을 엔진 혹은 자체의 동력기관으로 움직이는 속성이라고는 할 수 있지만, 그것을 바퀴 혹은 이동하는 속성이라고 할 수는 없다. 왜냐하면 자동차에서 엔진, 즉 자체의 동력기관으로 움직이는 속성이 제거된다면 제아무리 외양이 자동차처럼 생겼더라도 그것은 이미 자동차가 아닌 다른 사물이 되어버리기 때문이다. 이 예에서 알 수 있듯이 어떤 사물현상의 본질은 일반적으로 다른 사물현상과의 차이점, 다른 사물현상에는 없는, 오직 그것만이 가지고 있는 고유한 속성과 관련이 있다. 프로이트가 우울증이라는 정신장애를 논할 때, 슬픔과 우울증을 비교해 양자의 공통점과 차이점을 찾아내고는 슬픔에는 없는 우울증만이 가지는 속성들에 근거해 우울증의 본질을 규명하는 방법론을 사용했던 것은 이 때문이다.

　지금까지의 논의를 종합해보면, 사람의 본질에 대한 탐구는 다음과 같은 방법론에 기초해 이루어져야 한다고 정리할 수 있다. 첫째, 동물과 사람을 비교하여 양자 사이의 공통점과 차이점을 찾는다. 여기에서 동물과의 차이점은 사람만이 가지는 속성, 성질이 된다. 둘째, 사람만이 가지는 속성, 성질들을 체계적으로 분류하거나 범주화한다. 셋째, 사람의 고유한 속성들 중에서 근본 속성이 무엇인지를 찾아낸다. 사람이 가지고 있는 고유한 속성들 사이의 관계를 살펴보면 여러 속성들을 자체 내에 포함하거나 규제하는 근본적인 속성을 찾을 수 있을 것이다. 이러한 방법론에 따라 밝혀낸 사람의 근본 속성이 바로 사람의 본질일 것이므로, 그 속성이 사라진다면 사람은 더 이상 사람이 아니라 동물이 될 것이다.

사람의 근본 속성, 본질을 여기에서 자세히 논하기는 어려우므로 간단히 언급하고 넘어가겠다. 결론부터 말하자면 사람의 본질은 사회역사적 속성에 있다고 말할 수 있다. 사람은 동물에게는 없는 일련의 사회역사적 속성들을 가지고 있다. 사람은 동물에게는 없는 일련의 사회적 동기[사회적 동기에 대해서는 『새로 쓴 심리학』(김태형, 2009, 세창출판사) 동기 부분을 참고]와 감정을 가지고 있으며, 사회역사 속에서 형성·발전되어온 사회적 실천능력을 가지고 있는데 이런 것들이 사람의 사회역사적 속성을 형성하게 된다. 만일 이러한 사회역사적 속성이 없었다면 사람은 동물계에서 결코 벗어날 수 없었을 것이고 사람이 될 수 없었을 것이다. 나아가 이 사회역사적 속성이 사람의 본질이라는 것은 사람에게서 그것을 박탈하면 그는 더 이상 사람이 아니게 되므로 다른 존재가 되어버린다는 것을 의미한다.

지금까지 대부분의 서구 사상가들은 사람의 본질을 주로 이성적인 사고능력에서 찾아왔다. 물론 그것 역시 사람만이 가지고 있는 중요한 사회역사적 속성 중의 하나이다. 하지만 이성적인 사고능력은 사람이 가지고 있는 수많은 사회적 속성 중의 하나일 뿐이다. 게다가 그 서열이나 중요성을 따지자면 이성적인 사고능력보다는 사랑의 욕구나 운명통제 욕구 같은 사회적 동기들이 훨씬 더 중요하다고 할 수 있다. 이것은 이성적인 사고능력이 기본적으로 세계를 지배하고 개조하려는 사회적 동기를 실현하기 위해 인류가 개발하고 발전시켜온 능력이라는 사실만 보더라도 알 수 있다. 이런 맥락에서 나는 서구 지성인들이 애용하는 '사람＝이성적인 사고'라는 암묵적인 도식은 과감히 폐기되어야 한다고 생각한다.

다시 원래의 주제로 돌아가 사람의 본질에 관한 프롬의 견해를 살펴보자. 프롬은 사람의 본질을 어떤 소질이나 실체로 정의하면 안 된다고 말했는데, 그 까닭을 다음과 같이 밝혔다.

> 만일 사람의 본질을 구성하는 어떤 실체가 있다고 가정한다면 사람이 처음으로 출현한 이후 사람에게는 기본적인 변화가 없었다고 하는 비진화적이고 비역사적인 태도를 취하지 않을 수 없다. 이러한 견해는 우리들의 가장 미개한 조상과 지난 4천 년 내지 6천 년의 역사에 등장한 문명인 사이에 엄청난 차이가 있다는 사실과 일치하기 어렵다.(202쪽)

프롬은 사람의 본질을 사람이 가지고 있는 어떤 속성으로 규정하는 것을 비역사적인 태도라고 비판하고 있는데, 그것은 커다란 잘못이다. 자동차의 본질을 엔진으로 규정한다고 해서 그것이 '자동차의 엔진은 천년만년 똑같은 모습으로 존재한다'는 것을 뜻하는 것은 아니다. 다시 말해 자동차의 엔진은 석탄을 원료로 쓰던 원시적인 엔진으로부터 최첨단 전자장치를 장착한 엔진, 나아가 전기를 이용하는 모터엔진까지 계속 변화·발전할 수 있지만 그것이 자동차의 본질을

'엔진'으로 규정하는 것과 전혀 모순되지 않는다는 것이다. 이렇게 사람의 본질을 어떤 속성으로 정의하더라도 그것은 비역사적인 태도와는 전혀 무관하므로, 사람의 본질을 어떤 성질이나 본능으로 규정하면 안 된다는 프롬의 의견은 전혀 타당하지 않다.

프롬은 '사람의 본성 또는 본질은 선과 악 같은 특수한 실체가 아니라 인간 존재의 조건 자체에 뿌리박고 있는 모순'(211쪽)이라고 반복적으로 강조하고 있다. 그런데 여기에서 그가 말하는 '인간 존재의 조건 자체에 뿌리박고 있는 모순'이란 앞에서 살펴보았듯이, 사람이 반드시 겪어야만 하는, 자신이 동물이면서 동시에 동물이 아니라는 '무서운 갈등'이다. 결국 프롬이 말하는 모순, 갈등이란 조금도 새로운 얘기가 아니며, 그는 전통적인 서구 사상가들이 말했던 '비이성 대 이성' 사이의 갈등, 프로이트가 말했던 '동물적 본능 대 사람의 이성' 사이의 갈등과 똑같은 말을 되풀이하고 있을 뿐이다. 하지만 '동물 대 사람' 사이의 대립과 갈등은 사람의 숙명적인 모순이 아니며 '무서운 갈등'은 더더욱 아니다. 왜냐하면 사람은 동물이 아니기 때문에 사람의 마음속에서는 동물이 제멋대로 날뛸 수 없기 때문이다. 서구의 사상가들이 비이성으로 간주하고 있는 동물적, 생물학적 속성은 사람의 마음속에서 사회역사적 속성과 같은 서열에 놓여 있지 않다. 사람이 사람인 것은 사회역사적 속성이 생물학적 속성을 완전히 지배·통제하고 있어서이다. 다시 말해 사람에게 있어서 생물학적 속성은 그 독자성을 상실한 채 사회적 속성 아래로 통합되고 위계화되어 있다는 것이다.[생물학적 속성과 사회적 속성의 관계에 대해서는 『새로 쓴 심리학』(김태형)의 제2장을 참고.] 그렇기 때문에 정상적인 사람에게는 동물이면서 동물이 아니라는 모순, 동물적 본능과 인간성 사이의 갈등 따위는 없으며, 군이 심적 갈등을 언급하자면 사람에게 전형적인 것은 서로 반대되는 사회적 동기 사이의 갈등인 것이다.

결론적으로 사람은 '자연의 한 부분이면서 동시에 자연의 기형'이라는 모순을 벗어날 수 없으므로, 항상 '퇴행적 해결과 전진적 해결' 중에서 하나를 선택해야만 한다는 프롬의 주장은 오류이다. 이런 점에서 그는 동물적 본능과 이성 사이의 끊임없이 투쟁이 인간심리를 결정한다는 프로이트 이론의 울타리에서 한 걸음도 벗어나지 못하고 있다.

프롬은 연구실이나 정신병동에만 틀어박혀 있느라 사회역사를 보지 못하거나 외면하고 있는 수많은 심리학자들과 대비되는 탁월한 식견과 용기를 가진 인물이다. 그는 다음과 같은 말을 할 줄 알았던 드문 심리학자였던 것이다.

> … 나는 르네상스 시대의 휴머니스트들이 믿었던 것처럼 오직 가르침만이 휴머니즘 실현의 결정적 수단이 될 수 있다고 말하는 것은 아니다. 이러한 가르침은 사회적·경제적·정치적 조건에 본질적 변화가 일어날 때만 효과를 거둘 수 있을 것이다.(158쪽)

사회와 역사를 볼 줄 알았고 그것을 바꾸려 했기에 프롬은 심리학을 무기로 삼아 삶이 제기하는 굵직굵직한 주제들을 다뤘고 사회현상을 해부하는 데로 과감히 나아갔다. 이러한 지식인다운 용기 있는 시도는 주류 심리학계에서는 좀처럼 찾아보기 힘든 것이므로 크게 장려되어야 하고 후학들이 따라 배워야 한다. 하지만 안타깝게도 그는 이론적으로는 그다지 큰 성과를 내지 못했는데, 그 까닭은 그가 무기로 삼았던 심리학이 프로이트의 정신분석학이라는 데 있다. 물론 프롬은 자기 나름대로 프로이트 이론을 비판하기도 했다. 그러나 중차대한 오류에 토대하고 있는 정신분석학은 약간 비판을 받는다고 해서 괜찮아질 그런 학문이 아니다. 따라서 프롬은 정신분석학부터 완전히 뒤집어엎어 새로운 심리학 이론을 창조하는 일부터 했어야 했다.

어쩌면 프롬은 오늘의 심리학자들에게 '시도는 좋았어. 그러나 프로이트 이론으로는 안 돼!'라는 교훈을 주고 있는지도 모른다. 그의 용감한 시도는 올바른 심리학 이론에 기초할 때에야 비로소 빛을 보게 될 것이다.

제4장

—

매슬로

—

존재의 심리학을
향하여

ABRAHAM
H.
MASLOW

매슬로가 심리학 연구에 발을 들여놓을 무렵, 심리학계는 정신분석학과 행동주의라는 양대 진영으로 나뉘어 대립하고 있었다. 하지만 정신분석학에도 행동주의에도 만족할 수가 없었던 그는 자기만의 독자적인 길을 개척해나가기 시작했다.

　매슬로는 '모든 것을 병적으로 (극단적인 경우) 여기고, 인간에게서 건강한 쪽에 대한 가능성을 충분히 보지 못하며, 모든 것을 우울한 빛깔로 보는 고전적 프로이트주의'(매슬로, 1968, 『존재의 심리학을 향하여』, 교육과학사, 1994, 138쪽; 이하 이 장에서 쪽수만으로 인용)를 반대했다. 그는 정신분석학이 기본적으로 신경증 환자들을 대상으로 연구한 결과에 기초해 만들어진 심리학이어서 사람의 어두운 면, 병리적인 면을 지나치게 과장하는 폐단이 있다고 생각했다. 또한 사람은 통제하기 힘든 동물적 충동을 가진 존재인 반면 사회는 그런 충동을 용인할 수 없기 때문에 인생은 고통일 수밖에 없다고 주장하는 정신분석학의 우울하고 비관적인 인생관을 거부했다.

　매슬로는 '인간의 자극-반응(S-R man)하는 본질, 즉 외부의 자극에 의해 행동이 발생한다는 견해는, 자아실현에 힘쓰는 사람들에게는 우스꽝스럽고 지지받기 힘든 견해이다. 행동의 근원은 반응적이라기보다 훨씬 더 내적인 것이다'(121쪽)라고 말하면서 과학적 행동주의도 반대했다. 행동주의 심리학은 행동을 외적 자극에 대한 반응으로 보고 사람은 이러한 일련의 자극-반응들의 연합을 학습하는 존재라고 보는 학습이론을 주장했다. 예를 들면 행동주의 전통에 충실한 심리학자들은 클린턴이 대통령 재임 시절에 백악관 여직원이었던 르윈스키와 바람을 피운 것은 자신이 과거에 바람을 피우고도 처벌을 받지 않았던 것, 전임 대통령들이 그런 짓을 하고도 관대한 처벌을 받았다는 것 등을 학습한 결과라고 설명한다.(다이언 F. 헬펀, 2002,「왜 클린턴은 애정행각이 들키지 않을 거라고 생각했을까?─ 섹스 스캔들 이후 클린턴이 보인 행동에 대한 인지 분석」,『왜 똑똑한 사람이 멍청한 짓을 할까』, 21세기북스, 2009, 46~50쪽 참고.) 하지만 아마 매슬로가 살아 있었다면 이런 견해에 대해 '그렇다면 클린턴이 아닌 다른 대통령들은 왜 클린턴처럼 바람을 피우지 않았느냐?'고 반문하면서 혀를 끌끌 찼을 것이다. 그는 사람이 외적인 자극보다는 주로 내적인 동기에 의해 행동하며, 나아가 정신건강 상태가 어떠냐에 따라 서로 다르게 사고하고 행동한다고 믿었다. 따라서 매슬로의 견해에 의하면 클린턴이 르윈스키와 바람을 피운 것은 무엇보다도 그가 위험을 무릅쓰고라도 바람을 피우고 싶어 하는 내적인 동기를 갖고 있어서이고 그런 건강하지 못한 동기를 통제할 수 없을 정도로 정신건강이 나빴기 때문이다. 아무튼 매슬로는 사람을 외적 자극(S)에 단순하게 반응(R)하는 속이 빈 깡통 같은 존재로 보며, 사람의 모든 행동을 학습의 결과로만 해석하는 행동주의 심리학은 '인생의 극히 작은 영역'에서나 통하는 '제한된 지식'일 뿐이라고 비판했다.

> 학습 이론이라고 하는 것은 그 자체가 늘 유기체 외부의 목표대상에 전적으로 매달려 있다. 그렇기 때문에 학습심리학은 인생에서 극히 작은 영역에서만 쓸모 있을 따름이고 다른 '학습이론가'들에게는 약간의 관심을 끌 만한 제한된 지식이다.(125쪽)

매슬로는 제1진영이라고 할 수 있는 정신분석학 그리고 제2진영이라고 할 수 있는 행동주의를 모두 거부하며 제3의 심리학인 인본주의 심리학을 창설했다. 그는 정신분석학의 결함을 극복하기 위해서는 '사악한 인간보다는 선한 인간, 병자보다는 건강한 사람, 소극적인 사람보다는 적극적인 사람'(108쪽)을 연구해야 하며, 그럴 경우에 심리학은 보통 사람들뿐만 아니라, 건강하고 제대로 기능하는 사람들까지도 망라하게 되는 '긍정적 심리학(Positive psychology)' 내지는 '교정심리학(Orthopsychology)'(164쪽)이 될 수 있다고 선언했다. 또한 행동주의의 결함을 극복하기 위해서는 심리학이 단기적이고 협소한 인간행동에 대한 연구에서 벗어나 사람 자체를 연구하는 데 다시 초점을 맞춰야 하며 사람의 내적 동기, 특히 사회적 동기를 연구해야 한다고 강조했다.

매슬로가 사망하기 2년 전에 출간된 『존재의 심리학을 향하여: Toward A Psychology of Being』(1968)에는 제3의 심리학 이론이 가지는 성과만이 아니라 한계까지도 고스란히 집약되어 있다. 따라서

이 저서는 그의 이론을 정확히 이해하고 그것을 극복하는 데에 매우 중요한 의의를 가진다.

동기와 정신병리

정신분석학은 정신병을 서로 반대되는 동기나 감정 사이의 심리적 갈등의 결과로 보고, 행동주의는 정신병을 부적절한 학습의 결과로 간주한다. 반면에 매슬로는 정신병의 원인을 욕구 결핍 혹은 좌절에서 찾았다.

신경증이란 비타민 결핍증인 것처럼 보였다 … 즉, 신경증은 물과 아미노산과 칼슘의 결핍과 같이 어떤 것이 부족하면 질병을 가져오는 것과 같은, 내가 욕구(needs)라고 부르는, 어떤 요소의 결핍에서 나타나는 것이었다. 대부분의 신경증은 다른 복잡한 결정요소 즉 만족, 소유, 동일시, 친근한 사랑관계 및 존경과 위신 등에 대한 만족스럽지 못한 욕구와 관련되고 있다. … 이러한 결핍이 제거되었을 때 질병이 사라지는 경향이 있다.(103쪽)

매슬로는 사람의 몸에 필수적인 어떤 물질이 결핍되면 육체적 병에 걸리는 것처럼 어떤 욕구가 결핍되면 마음의 병에 걸린다고 보았다. 이러한 견해는 억압된 성욕이 신경증의 원인이 된다고 주장했던 프로이트의 입장과 유사하다. 하지만 매슬로는 사람의 기본동기를 생물학적 동기인 성 본능과 죽음 본능이 아니라 사회적 욕구를 포함하는 5가지 욕구로 보았다는 점에서 프로이트와는 커다란 차이가 있다. 욕구 결핍이 정신병의 원인이 된다는 그의 아이디어는 다음과 같은 욕구이론의 명제들을 탄생시키는 초석이 되었다.

- 기본적 욕구의 결핍은 질병을 일으킨다.
- 기본적 욕구가 있음으로써 질병을 막는다.
- 기본적 욕구를 회복함으로써 질병을 치료한다.
- 기본적 욕구는 그것이 결핍된 사람에 의해 자유롭게 선택될 때 다른 어떤 것보다도 우선 선택된다.
- 기본적 욕구는 건강한 사람에게서는 잠재되거나 활동을 멈춘다.(104쪽)

만일 이와 같은 매슬로의 욕구이론에 동의한다면, 우리는 그것으로부터 다음과 같은 의미 있는 두 가지 이론적 시사점을 이끌어낼 수 있다.

첫째, 정신병리 현상을 통해 사람에게 중요한 욕구들을 찾아낼 수 있다. 기본적인 욕구가 결핍되거나 좌절되면 정신병이 유발될 것이므로 정신병리 현상을 통해서 사람이 가지고 있는 욕구들을 찾아낼 수 있으며, 정신병의 심각성 정도를 근거로 주요한 욕구와 부차적인 욕구를 구별해낼 수 있다. 만일 죄의식, 죄책감이 정신병을 유발하는 하나의 원인이 된다면 그것은 사람에게는 죄를 짓지 않으려는 욕구, 다시 말해 도덕적으로 살고 싶어 하는 양심의 욕구가 있다는 증거가 될 수 있다. 또한 사람에게 중요한 욕구일수록 그것이 결핍되면 더 심각한 정신병을, 사람에게 부차적인 욕구일수록 덜 심각한 정신병을 유발할 것이므로 그것에 근거해 주요한 욕구와 부차적인 욕구를 구별할 수 있다. 이런 식으로 정신병리 현상은 사람의 욕구를 파악하는 하나의 시금석이 될 수 있다.

둘째, 사람들의 인생이 달라지는 것은 기본적으로 욕구의 차이 때문이다. 사랑의 욕구가 결핍 ―흔히 애정결핍이라고 표현되는― 된 사람은 사랑을 받으려는 과도한 욕구를 가질 위험이 크므로, 인기나 명예에 전전긍긍하며 살아갈 수 있다. 반면에 사랑의 욕구가 충분히 채워진 사람은 좀 더 수준 높은 동기를 가질 수 있으므로 타인과 세상을 위해 봉사하는 이타적인 삶을 살 가능성이 커진다. 이렇게 사람의 인생은 기본적으로 그가 가지고 있는 욕구, 동기가 무엇이냐에 따라 서로 달라진다.

> 한 인간의 심리적인 삶은, 여러 가지 측면에서, 즉 그가 결핍욕구-만족의 경향에 있을 때, 그리고 그가 성장하고 있거나 '메타 동기화(Meta-motivated)'되거나 혹은 '성장동기화(growth-motivated)' 또는 자아실현 과정에 있을 때 등, 매우 다르게 영위된다.(110쪽)

이렇게 매슬로는 사람을 건강한 정상인으로 만드느냐 아니면 정신장애자로 만드느냐를 결정할 뿐만 아니라 사람의 인생을 좌우하는 것을 동기로 보았다. 그렇기 때문에 사람을 이해한다는 것은 무엇보다 그의 의식적, 무의식적 동기를 올바로 파악하는 데 달려 있다고 할 수 있다.

결핍동기와 성장동기

프로이트 이래로 지금까지도, 상당수의 심리학자들은 '동기' 하면, 그것을 생물학적 동기와 같은 것으로 취급하는 고질적인 병폐를 가지고 있다. 이는 시중에 나와 있는 허다한 심리학 개론서들이 동기 부분에서 식욕, 성욕과 같은 생물학적 동기를 설명하는 데에는 긴 지면을 할애하는 반면, 사회적 동기 ─그나마 매슬로의 욕구이론이 나오지 않았더라면 대부분의 심리학 개론서들은 사회적 동기를 거의 다루지 않았을 가능성이 높다.─ 에 대해서는 간단히 언급만 하고 지나가는 것만 보더라도 잘 알 수 있다. 이런 점에서 사람은 생물학적 동기만이 아니라 사회적 동기도 가지고 있으며, 그것이 오히려 더 중요하다고 강조했던 매슬로는 크게 칭찬받아야 마땅하다.

나는 전보다 더 많은 경험적 논거에 의거하여, 기본적인 인간의 욕구는 다른 사람들, 즉 사회를 통해서만 충족될 수 있음을 확실하게 말할 수 있다. 소속감, 친교, 결사와 같은 공동사회의 욕구는 그 자체로 기본적 욕구이다. 고독과 고립, 추방 및 집단으로부터의 배제 등은 역시 고통일 뿐 아니라 병적 현상이다.(11쪽)

매슬로는 생물학적 욕구만이 아닌 사회적 욕구까지 포함하는 5가지 욕구를 제안했다. 그 5가지 욕구는 다음과 같다. 첫째, 생리적 욕구. 배고픔, 갈증, 수면, 성욕 등 주로 신체 항상성(체온이 내려가면 올리려 하고 체온이 올라가면 내리려 하는 식으로 신체를 항상 일정한 상태로 유지하려는 것을 말한다)을 유지하려는 욕구이다. 둘째, 안전 욕구. 육체적 생명을 지키려는 생존 혹은 방어 욕구로서 위험, 위협, 박탈에서 자신을 보호하고, 불안을 회피하고자 하는 욕구이다. 셋째, 사랑과 소속의 욕구. 가족, 친척, 친구 등과 친교를 맺고 원하는 집단에 소속되어 귀속감을 느끼고 싶어 하는 욕구이다. 넷째, 존경의 욕구. 존경의 욕구는 자기로부터 존경을 받고자 하는 욕구(긍정적 자아개념, 자기존중심을 갖고자 하는 욕구)와 타인으로부터 존경을 받고자 하는 욕구로 구분된다. 다섯째, 자아실현 욕구. 계속적인 자기발전을 위하여 자신의 잠재력을 최대한으로 발휘하려는 욕구이다. 세계를 알고 이해하려는 인식 욕구, 아름다움을 추구하는 심미적 욕구 등이 여기에 포함된다. 다음은 매슬로의 욕구이론을 정리한 표이다.

매슬로의 욕구이론이 가지는 강점은 누구나 다 언급했던 생물학적 욕구가 아니라 다른 심리학자들은 거의 언급하지 않았던 일련의 사회적 욕구들을 밝힌 데 있다. 그러나 과연 사랑과 소속의 욕구, 존경의 욕구, 자아실현 욕구, 이 세 가지만을 사람에게 가장 중요한 사

매슬로의 욕구이론

욕구의 질	5가지 욕구(위쪽이 상위욕구이다)		비고
사회적 욕구	자아실현 욕구 (자신의 잠재력 실현)	심미적 욕구 (대칭, 질서, 아름다움)	주로 정신문화적 욕구와 관련
		인식 욕구(지식, 이해)	
	존경의 욕구(유능감, 인정, 존경)		사회적 존재로서의 가치와 관련
	사랑과 소속의 욕구(관계, 교류, 수용, 소속감)		사회적 존재가 되기 위한 최소한의 조건
생물학적 욕구	안정·안전의 욕구 (생존, 편안함, 안전, 공포로부터의 해방)		유기체적 생존과 관련
	생리적 욕구(배고픔, 갈증, 수면, 성욕 등)		신체 항상성과 관련

회적 욕구들로 볼 수 있는지에 대해서는 좀 더 면밀한 검토가 필요하
다. 왜냐하면 그 무엇보다 양심의 욕구나 운명통제 욕구[사회적 욕구
와 요구에 대한 좀 더 자세한 논의는 『새로 쓴 심리학』(김태형)의 동기 부분을
참고]는 매슬로가 언급했던 사회적 욕구들 못지않은 중요성을 갖고
있는데, 그것은 그 욕구들이 좌절되면 심각한 마음의 병을 유발한다
는 사실만 보더라도 잘 알 수 있다. 프로이트를 비롯한 많은 심리학
자들이 공통적으로 인정하고 있듯이 양심의 욕구가 좌절되면 사람
은 죄의식과 죄책감으로 고통 받게 되고 심할 경우에는 정신병에 걸
리게 된다. 또한 운명통제 욕구가 좌절되면 사람은 무력감에 빠져드
는데, 그것은 심각한 정신장애의 원인으로 작용한다. 따라서 정신병
의 원인이 욕구의 결핍이나 좌절에 있다는 매슬로의 입장에 비춰보
더라도, 양심의 욕구나 운명통제 욕구는 기본적인 사회적 욕구에 반

드시 포함되어야 한다.

게다가 매슬로는 전혀 언급하지 않았지만, 사람은 일련의 사회적 욕구들과는 구별되는 사회집단의 요구를 내면화한다. 예를 들면 노동계급에 속하는 사람은 노동자집단의 요구를 내면화하고, 식민지 백성에 속하는 사람은 억압당하는 민족집단의 요구를 내면화할 수 있다는 것이다. 이런 식으로 사람은 이러저러한 사회집단의 요구를 내면화하는데, 그것들 역시 사회적 욕구처럼 강력한 동기로 작용한다. 따라서 사람을 올바로 이해하려면 생물학적 욕구, 사회적 욕구만이 아니라 사회적 요구까지도 필히 규명해야 한다. 여기에서 이 문제를 상세히 다루기는 어려우므로, 매슬로의 동기 이론이 미완성이라는 점만을 강조하고 넘어가기로 한다.

사람이 가지는 모든 욕구와 요구는 사람에게서 '동기'로 작용하기 때문에 매슬로는 그러한 욕구들을 결핍동기와 성장동기로 구분했다. 결핍동기는 한 번 충족되면 더 이상 동기로서 작용하지 않는다. 생리적 욕구, 안전의 욕구, 사랑과 소속의 욕구, 존경의 욕구가 여기에 해당된다. 반면에 성장동기는 다른 욕구와는 달리 그 욕구가 충족될수록 더욱 증대되는데, 자아실현 욕구가 여기에 해당된다.

전통적으로, 서구의 지성인들은 결핍동기를 부정적인 것으로 인식하는 경향이 있다.

욕망과 욕구에 대한 이러한 평가절하는 철학, 신학 및 심리학의 역사 전반에 계속되는 주제이다. … 이 사람들은 모든 욕망이나 충동을 골칫거리 또는 하나의 위협이라고 생각한다. 따라서 그들은 그것을 제거하

고자 하며, 부인하거나 회피하려고 한다.(111쪽)

잘 알려진 대로, 프로이트 심리학은 사람의 기본동기를 동물적 본능과 동일시했기에 그것을 반드시 억제되고 통제되어야 할 위험한 것으로 보았다. 사람과 동물은 동기에서 별다른 차이가 없다고 주장하는 행동주의 심리학 역시 '욕구해소, 긴장해소, 추동(drive) 해소, 불안해소 등'(111쪽)과 같은 널리 사용되는 표현에서 알 수 있듯이, 결핍동기를 평형 상태 혹은 항상성 상태를 위협하는, 반드시 해소되어야 할 성가신 대상으로 간주하는 경향이 있다. 그러나 매슬로는 결핍동기가 때로는 나쁘게 작용할 수도 있지만 그것을 부정적으로만 보아서는 안 된다고 강조했다. 즉, 결핍동기는 프로이트가 말했던 것처럼 반드시 억제되거나 억압되어야 하는 위험한 것이 아니며, 행동주의자들이 말했던 것처럼 한시라도 빨리 해소되어야만 할 불쾌한 자극도 아니라는 것이다.

> 인간은 자신의 욕구들을 수용하고 즐길 수 있다. ⋯ 그 욕구들은 의식 속에 기꺼이 받아들일 수 있다. 예를 들어, 어떤 사람이 지금까지 음식을 대체로 맛있게 먹었고, 그리고 지금 여기에 맛있는 음식이 있다면, 의식 속에 식욕이 생기는 것은 두려운 것이 아니라 환영할 만한 것이다.(112쪽)

기존의 심리학은 사람이 결핍동기만이 아니라 성장동기를 가지고 있는 존재라는 중요한 사실을 간과해왔다. '욕구에 대한 부정적 태도의 대부분은, 유기체의 중요한 목적이 성가신 욕구를 해소하고 긴장완화나 평형, 항상성, 고요, 휴식상태, 고통이 없는 상태 등에 도달하는 것이라는 개념과 항상 관련'(113쪽)되어 있는데, 기존의 심리학은 성장동기를 보지 못했기에 욕구 혹은 동기를 부정적으로 대할 수밖에 없었다는 것이다. 하지만 사람은 결핍동기만이 아니라 성장동기도 가지고 있는 존재이므로, 결핍동기 나아가 욕구나 동기에 대한 부정적 인식은 철회되어야 한다.

> 자아실현이라는 이름 아래 포함되는 많은 특유한 동기들 … 이 충동들은 바람직하고 기꺼이 받아들여지는 것이며, 즐겁고 유쾌한 것이다. 사람들은 이 충동들을 더 많이 원한다. 만약 이 충동들이 긴장을 야기시킨다면, 이 긴장은 유쾌한 긴장이다. … 이러한 상태들에 대해서, 긴장해소의 경우에서처럼, 불편한 상태를 해소하는 것이라고 말하는 것은 명백히 잘못된 것이다. 이러한 상태들은 불편한 것이 아니다.(111쪽)

매슬로는 '성장'은 평형, 항상성, 긴장감소 같은 게 아니라 더 개선하고자 하며, 더 현명해지고자 하는 사람의 욕구와 관련이 있다고 주장했다. 즉, 성장동기는 결핍동기와는 달리 '욕구의 만족에 의해 완화되는 것이 아니라, 오히려 강화되고 자극'(115쪽)되기 때문에 성장은 성장동기와 관련이 있다. 예를 들면 구구단을 외운 아이는 그것으로 인해 지적인 욕구가 감소되는 게 아니라 더 큰 지적인 성취를 향해 나아가게 된다는 것이다.

매슬로에 의하면 사람은 본질적으로 성장하는 존재이므로, 사람의 인생에서 더 중요한 것은 결핍동기가 아니라 성장동기이다. 성장동기는 사람에게 장기적으로, 지속적으로 영향을 미치면서 인생을 좌우하는 반면 결핍동기는 주로 사람의 습관적이고 단순반복적인, 단기적인 행동들에 영향을 미친다.

> 성장-동기화는 성격상 장기적인 것이다. … 평형이론이나 항상성 이론 또는 휴식 이론들은 단지 단기적인 에피소드를 다룰 뿐이다.(116쪽)

결핍동기로는 사람들이 밥을 먹으러 갈지 아니면 휴식을 하러 갈지, 쇼핑을 할 때 이것을 살지 아니면 저것을 살지를 설명할 수 있다. 하지만 결핍동기로는 사람들이 학자가 되려고 하는지 아니면 군인이 되려고 하는지, 이기적인 삶을 살아갈지 아니면 이타적인 삶을 살아갈지를 설명할 수는 없다. 즉, 동물과는 달리 사람의 삶을 지배하는 것은 장기간에 걸쳐 지속적으로 작용하는 성장동기이므로, 단기적인 행동에 작용하는 결핍동기만으로는 사람의 삶을 이해할 수도 예측할 수도 없다는 것이다.

> 계획성과 미래에 대한 전망은 삶의 중심적 본질이거나 건전한 인간 본질이다. 사실 결핍동기들은 긴장의 해소와 평형의 회복을 요구한다. 반면에 성장동기들은 원대한, 그리고 때로는 달성할 수 없는 목표를 추구하면서 긴장을 유지한다. 그러면서 인간은 아이에서 어른으로 성장하는 것이며 그런 점에서 인간은 동물과 구별된다.(116쪽)

	결핍동기	성장동기
충동에 대한 태도	충동은 불편한 것: 충동 억제	충동은 유쾌한 것: 충동 수용
만족의 효과	만족은 욕구를 해소 혹은 감소시킨다. 순간적 만족을 추구한다.	만족은 욕구를 자극하고 강화한다. 장기적 만족을 추구한다.
정신건강	위협 및 고통을 회피하는 수동적 인격을 낳는다.	적극적인 승리와 성취를 추구하는 건강한 인격을 낳는다.
쾌락의 종류	단순한 필요의 충족에 따른 저차원적 쾌락을 추구한다.	생산과 창조, 통찰력의 성장에서 오는 고차원적 쾌락을 추구한다.
목표달성	목표달성은 욕구 부재상태를 낳는다.	목표달성은 더 높은 목표를 제기한다.
목표의 종류	동물들과 똑같은 목표를 가질 뿐이다.	개인들마다 고유한 자아실현 목표를 가진다.
환경과의 관계	환경에 의존하고 적응한다.	환경에 덜 의존적이고 자율적이다.
인간관계	이해타산적이고 의존적인 대인관계를 맺는다.	타인을 하나의 전체적 존재로서 객관적으로 파악하고 존중한다.
자기 중심성	자기중심적이고 만족지향적이다.	자기중심성에서 자유롭다.
인격 변화	결핍을 외부에서 충족시키는 기술만을 습득(도구적 학습)한다.	인격의 전반적인 변화(인성변화 학습)가 이루어진다.
인식능력	욕구중심적인 왜곡된 인식을 할 위험성이 크다.	있는 그대로의 객관적인 인식을 할 수 있다.

결핍동기와 성장동기의 차이점은 다음의 표에 자세히 나와 있다.

결핍동기와 성장동기를 구분하고 나서, 매슬로는 병든 사람만이 아니라 건강한 사람까지 연구해야 하는 심리학은 반드시 동기의 결핍이론을 벗어나야 한다고 강조했다.

> 최고수준의 인간관계의 심리학, 즉 인간관계 발전의 최고수준을 이
> 해하기 위해서는 동기의 결핍이론에 바탕을 두어서는 안 된다. (123쪽)

매슬로는 다양한 욕구들이 위계적으로 정렬되어 있다고 말했는데, 이 때문에 그의 욕구이론은 욕구위계 이론으로 불리기도 한다. 처음에 그는 하위욕구가 충족되어야만 비로소 상위욕구를 가질 수 있다고 주장했으나, 그것은 '정치적 목적을 위해 단식투쟁을 하는 사람도 있지 않느냐?' ─하위욕구가 충족되지 않더라도 상위욕구를 추구하는 사람들의 예는 아주 많다. ─ 라는 반론에 직면하게 되었다. 그래서 매슬로는 말년에는 각각의 욕구들은 독립적이어서 그것들은 따로따로 혹은 동시병행적으로 추구될 수 있다는 쪽으로 자기 이론을 수정했다. 비록 그가 자기의 잘못된 주장을 용감하게 철회하기는 했지만, 하위욕구가 충족되지 않으면 상위욕구로 나아갈 수 없다는 견해는 임상적 관점에서 보면 어느 정도 타당하다. 예를 들면 사랑의 욕구가 충족되지 못한 사람은 애정결핍증으로 인해 그보다 고차적인 욕구를 가지기가 힘든 경우가 흔하기 때문이다. 물론 애정결핍이 심한 사람도 사회개혁이나 자아실현과 같은 상위욕구를 가질 수는 있다. 하지만 그런 사람의 경우, 그의 무의식적 기본동기는 대체로 사랑을 받고자 하는 욕구에 방점을 찍고 있으므로, 그것을 치료하지 못하면 사회개혁이나 자아실현이라는 목표를 성과적으로 추진하기가 어렵다. 조선시대의 허균이 바로 여기에 해당되는데, 그는 나름대로

는 개혁정치를 추진하려고 했으나 심한 애정결핍증으로 인해 동요와 우여곡절을 겪다가 결국에는 허무하게 좌절했다.[허균에 대한 심리분석은 『심리학자 정조의 마음을 분석하다』(김태형, 역사의 아침, 2009) 허균 편을 참고.] 이 문제와 관련해서 매슬로는 다음과 같이 말하기도 했다.

> 사랑의 욕구가 충족된 건강한 이들에 대한 임상연구에 의하면 비록 그들이 사랑을 받는 것은 덜 필요하지만, 사랑을 더 줄 수 있다는 것을 보여준다. 이런 의미에서, 그들은 더욱더 사랑을 하는 사람들이다.(130쪽)

결론적으로 말해, 매슬로의 욕구위계론은 '금강산도 식후경'이라는 말처럼 어떤 시점에서 하위욕구를 충족하지 못하면 상위욕구를 가질 수 없다는 게 아니라 '하위욕구가 충족되지 못하면 그것은 상위욕구의 정상적 발달에 걸림돌이 된다'는 의미로 재해석될 필요가 있다. 다시 말해 발달단계에서 하위욕구를 원만하게 충족시킨 사람일수록 상위욕구로 나아가기가 훨씬 용이하다는 의미로 재정의되어야 한다는 것이다.

매슬로는 사랑과 소속의 욕구, 존경의 욕구와 같은 사회적 욕구들을 결핍동기로 보고 오직 자아실현 욕구만을 성장동기로 인정했다. 하지만 그런 견해에는 동의할 수가 없다. 왜냐하면 결핍동기로 분류되고 있는 사랑의 욕구(love need)만 하더라도, 사랑의 욕구는 한번 충족된다고 해서 그 강도가 약화되거나 사라지는 게 아니기 때문이다. 매슬로도 지적했듯이, 사랑을 많이 받은 사람의 경우 사랑을 받으려는 욕구는 감소할지 몰라도 타인을 사랑하려는 욕구는 오히려 더 커지게 된다. 이렇듯 사랑의 욕구는 받는 것으로부터 주는 것으로, 부모나 가족에 대한 사랑으로부터 이웃이나 인류에 대한 사랑으로, 질적으로나 양적으로나 상승발전할 수 있으므로 성장동기로 보아야 한다. 따라서 나는 생물학적 동기는 결핍동기로 분류되는 게 마땅하지만 사회적 동기는 모두 다 성장동기로 분류되어야 한다고 생각한다.

인간은 성장하는 존재이다

사람이 결핍동기만으로 살 수 없다는 말은 곧 사람이 성장동기를 가지고 있는, 부단히 성장하는 존재라는 뜻이다. 하지만 '어두운 힘이 성장의 힘과 마찬가지로 정상적이라는 점을 이해해야 한다'(143쪽)는 말에서 알 수 있듯이, 매슬로는 사람이 방어적, 퇴행적 경향을 가지고 있다는 사실 역시 부정하지 않았다. 따라서 그는 사람을 성장을 향하는 힘과 퇴보를 향하는 힘을 동시에 가지고 있는, 다시 말해 서로 상반되는 두 가지의 힘을 가지고 있는 존재로 보았음을 알 수 있다.

모든 사람은 자신 속에 두 가지 유형의 힘을 가지고 있다. 한 가지 유형은 두려움에서 비롯된 안전과 방어에 매달리는 것으로 퇴행적이고 과거지향적이며, 어머니의 자궁과 가슴으로 이어진 원시적 연결에서 떨어져나와 성장하기를 두려워하고 기회를 포착하는 것을 두려워하고, 그가 이미 손에 넣은 것을 가지고 모험하기를 두려워하며 독립과 자유, 분리됨을 두려워하는 경향을 가진다. 또 다른 유형은 그로 하여금 자아 전체와 자아의 독특함으로 나아가게 하며, 자신의 모든 능력을 완전히 발휘하고, 외부세계에 맞서서 자신감을 갖도록 하며, 동시에 아주 깊은 본래의 무의식적 자아까지도 수용할 수 있게 한다.(135쪽)

사람에 대한 이런 매슬로의 견해는, 사람에게는 죽음을 사랑하는 경향과 삶을 사랑하는 경향이 있다고 말했던 에리히 프롬의 견해와 거의 대동소이하다. 하긴, 매슬로가 프롬과 친교가 있었던 점을 감안하면 이러한 유사성은 당연한 것인지도 모른다. 아무튼 그는 프롬이 사람의 인생을 선택의 연속으로 규정했던 것처럼 '건강한 성장의 과정을 결코 끝나지 않는, 전 생애의 매 순간마다 각 개인이 직면하는 일련의 자유선택 상황'이라고 말하기도 했다.

그렇다면 사람은 어떤 경우에 성장하게 되는 것일까? 사람의 성장을 가능하게 하는 조건은 무엇일까? 매슬로는 걸음마를 하는 아기가 '엄마 무릎에서 낯선 주위세계로 탐험하는 것'을 이 문제를 이해하는 패러다임으로 삼자고 제안했다. 아기는 엄마가 곁에 있어서 안전하다고 느낄 때, 엄마 품을 벗어나 외부세계에 대한 탐험을 시작한다. 그러다가 불안감을 느끼게 되면 엄마한테 되돌아와 그 품에 안김으로써 안정감을 회복한다. 그리고는 다시 탐험에 나선다. 이런 식으로 사람은 안전을 위협받으면 성장하기를 멈추지만 안전의 욕구가 충족되면 성장의 욕구를 추구하게 된다.

안전의 욕구는 성장의 욕구에 앞선다. 이로써 우리의 기본적인 공식
이 확정되었다. 일반적으로 안전하다고 느끼는 아동만이 건강한 성장
을 향하여 용감하게 행동한다.(139쪽)

사람은 동물과는 달라서 육체적 생명을 위협당하지 않는다고 해
서 안전의 욕구가 충족되었다고 느끼지 않는다. 즉 사람은 육체적 생
존만이 아니라 사회적 생존을 추구하는 존재이므로, 해고나 실직 혹
은 사회적 지위의 추락 등으로 인해 사회집단에서 배제되거나 낙오
될 수 있다고 느끼는 경우에도 안전을 위협당하고 있다고 판단한다
는 것이다. 이것은 사람의 경우에는 안전의 욕구조차 사회적 성격을
가지고 있음 ―이런 의미에서라면 사람에게 있어서 안전의 욕구는
순수한 생물학적 욕구로 간주되어서는 안 될 것이다.― 을 의미한다.
　안전의 욕구가 충족되지 못하면 성장이 저해된다는 매슬로의 이
론은 경제난이 심할수록 대중의 사회정치적 요구나 활동이 오히려
위축되곤 하는 사회현상을 이해하는 데에도 도움을 줄 수 있다. 육체
적, 사회적 생존이 위협당하는 조건하에 있는 대중은 자신들의 성장
을 위해서 꼭 필요한 경제개혁이나 사회개혁에 좀처럼 눈을 돌리지
못하는데, 이를 매슬로 식으로 설명하면 안전의 욕구가 충족되지 못
해 그들이 성장욕구를 가지지 못하는 거라고 말할 수 있을 것이다.
이와 관련해서 매슬로는 '상황이 수용적이고 허용적이며 만족과 확
신을 줄 때 또는 평가당하거나 비교당하는 것이 아닌 경우에, 즉 그

사람이 완전히 안전하고, 위협받고 있지 않음을 느낄 수 있을 때 그는 원만하게 과업을 수행한다'(141쪽)고 지적하기도 했다.

결국 매슬로에 의하면 사람의 성장을 가능하게 하는 관건은 안전(보다 광범위하게는 방어)한 상황이냐 아니냐에 있다. 즉 사람은 안전한 상황에서는 성장을 추구하지만 '위험과 위협, 실패, 좌절 혹은 스트레스 속에서'는 '후퇴하거나 정착하는 경향이 있다'(146쪽)는 것이다.

> 그는 일생 동안 안전과 성장의 기쁨 사이에서, 의존과 독립, 퇴보와 진보, 미숙과 성숙 사이에서 선택을 해야만 한다. 안전과 성장은 불안과 기쁨을 동시에 가지고 있다. 우리는 성장의 기쁨과 안전에 대한 염려가 성장에 대한 불안과 안전의 기쁨보다도 더 클 때 성장한다.(136쪽)

프로이트는 마음속에서 부정적인 감정이 야기되거나 그럴 것이라고 예견되면 사람은 방어기제를 작동시킨다고 주장했다. 이 경우 방어기제를 더 빈번하게 사용해야만 하는 사람은 그렇지 않은 사람에 비해 성장이 더딜 것이다. 왜냐하면 그런 사람은 방어를 하기에 급급해서 공격 혹은 성장 쪽에는 심리적 에너지를 거의 사용할 수가 없기 때문이다. 이와 마찬가지로 안전의 욕구가 위협당하는 상황, 프로이트 식으로 말하면 주로 방어를 해야만 할 상황은 성장을 가로막는 역할을 한다. 따라서 프로이트이든 매슬로이든 간에 그들의 이론에 입각해보면, 사람들을 성장하게 하려면 무엇보다도 그들에게 육체적, 사회적 생존부터 보장해줘야 한다고 말할 수 있다. 이런 점에서 사회

안전망이 미비해 사회적 생존에 대한 안전감을 제공해주지 못하는 사회는 사회구성원들의 성장을 억누르는 잘못된 사회이다.

안전과 성장 그리고 앎

매슬로는 안전이 위협당하는 상황에서는 성장욕구가 제대로 기능할 수 없다는 것을 인식 욕구를 통해서도 증명하고 있다. 그는 인식 욕구 ─앎에의 욕구 혹은 지식욕이라고 할 수도 있다.─ 가 '지식과 이해의 순수한 기쁨과 원초적 만족'(154쪽)을 준다고 말했다. 인식 욕구는 기본적으로 성장욕구에 해당하므로 그것의 충족은 커다란 기쁨과 만족을 준다는 것이다.

그런데 '때때로 안전의 욕구는 그들 자신의 염려를 완화시킬 목적으로 인식 욕구로 전환될 수 있다'(156쪽)는 말이 보여주듯이, 인식 욕구는 안전의 욕구에서 비롯되기도 하고 그것을 충족시키는 기능도 가지고 있다.

지식은 앞으로 성장하게 하는 기능뿐 아니라 염려를 해소시키고 보호적인 항상성 기능을 가지는 듯하다.(155쪽)

번개에 대한 과학적 이해가 없는 원시인들은 번개가 칠 때면, 번개에 맞을까봐 두려움에 떨었을 것이다. 하지만 번개에 대한 과학적 이해가 있고 피뢰침도 만들 수 있는 현대인들은 그것을 별로 두려워하지 않는다. 이처럼 무지는 두려움이나 위험의 중요한 원천이기도 하므로 인류는 안전의 욕구를 충족시키기 위해서 인식 욕구를 발전시켜왔을 수 있다. 실제로 '많은 철학자와 심리학자들이 수세기 동안 가져왔던 극단적인 입장' 중의 하나는 '모든 인식 욕구'를 '염려에 의해 유발되며 단지 염려를 감소시키기 위한 노력'으로 보는 것이다. 그러나 사람의 모든 인식 욕구와 인식 활동을 단지 두려움 혹은 염려를 감소시키기 위한 것으로 격하시키는 것은 잘못이다. 왜냐하면 일반적으로 염려는 '호기심, 탐구심을 억제'해서 인식 욕구와 조화를 이루지 못하는 반면, 인식 욕구는 '그 자체로 비염려적인 상황에서 가장 명확하게 그 자신을 보여'주기 때문이다.(158쪽)

그렇다면 인식 욕구는 왜 생겨난 것이고 그것의 본질은 무엇일까? 앞서 번개의 예에서 암시되어 있듯이, 인식 욕구는 기본적으로 통제 욕구의 산물인 것으로 추정된다. 사람은 동물과는 달리 세계에 단순히 적응하는 게 아니라 세계를 통제하고 개조하려는 욕구를 가진 유일한 존재이다. 그런데 세계를 통제하고 개조하려면 객관세계에 작용하는 법칙들부터 파악해야 한다. 번개에 작용하는 법칙을 이해하지 못하면 번개를 통제하지 못하고, 그것으로부터 오는 위험을 방지할 수도 없기 때문이다. 인식 욕구가 통제욕구와 밀접한 관련을 가지고 있음은 일찍이 프로이트가 지적한 바 있다.

세계에 대한 인간의 통제력이 진보하는 것에 발맞추어 세계관, 즉 우주 전체에 대한 관점의 발전이 이루어진다.(프로이트, 1913, 「과학과 정신분석학」,『프로이트 전집 제14권』, 열린책들, 38쪽.)

사람이 원만하게 성장하려면 세계에 대한 통제력이 계속 높아져야 한다. 즉 성장욕구의 충족을 위해서는 통제욕구와 그것에 의해 추동되는 인식 욕구가 필수적으로 요구된다는 것이다. 이런 관점에서 보면, 인식 욕구는 매슬로가 강조한 대로 결핍동기가 아닌 성장동기로 간주되어야 마땅하다.

매슬로는 사람에게는 앎을 추구하는 경향만이 아니라 앎을 두려워하는 경향도 있다고 말했다. 이 주제와 관련해 그가 제시하고 있는 예(151~158쪽)들은 다음과 같다.

- 어린이들의 성적 호기심을 좋다고 인정하고 그것을 즐기도록 하는 부모는 아직도 드물다.
- 착취당하고 학대받는 나약한 소수 혹은 노예는 너무 많이 알게 되는 것을 두려워하고 자유롭게 탐구하는 것을 두려워한다.
- 착취자나 폭군은 그의 아랫사람들이 호기심을 갖거나 지식을 쌓기를 바라지 않는다. 너무 많이 아는 사람은 반역을 일으킬 것 같기 때문이다.
- 종종 모르는 것이 더 나은 경우가 있다. 왜냐하면 만약 그것을 알게 되면 무언가 행동해야만 하고 또 위험을 자초할 것 같기 때문이다.
- 거짓–우둔함이 보다 안전할 수 있는 것은 무엇인가를 알게 되면 어떤 행동을 해야만 하거나 그것을 피하는 겁쟁이가 되는 것에 대해 죄의식을 느

껴야 하기 때문이다.

- 선각자들의 경우 앎은 일종의 도전이고 대중 앞에 홀로 나서기이며 반항이고 도전이다. 스스로 위대한 재능을 발견하는 것은 유쾌한 결과를 가져올 수 있지만. 자신은 지도자이고 혼자이어야 한다는 위험과 책임과 의무의 공포를 가져온다.

매슬로는 앎을 두려워하는 경향이 생겨나는 것은 인식과 실천이 밀접히 통일되어 있어서 인식이 '실천에 대한 깊은 공포, 인식함으로부터 파생되는 결과에의 공포, 위험한 책임에의 공포 등'(157쪽)과 연결되기 때문이라고 보았다. 즉 인식 그 자체가 두려움을 줄 까닭은 없으나 인식에 필연적으로 뒤따르게 되어 있는 여러 결과들에 대한 공포 때문에 인식 자체를 두려워하는 경향이 생긴다는 것이다.

지금까지의 논의는 '안전이 위협당하는 상황에서는 성장욕구의 하나인 인식 욕구가 정상적으로 작용할 수 없다'는 말로 요약할 수 있다. 그렇기 때문에 매슬로는 인식 욕구가 아무런 제약도 받지 않고 활짝 날개를 펼칠 수 있는 환경을 만드는 것이 중요하다고 강조했다.

두려움을 증가시키는 모든 심리적, 사회적 요인들은 우리의 알려는 충동을 막는 것이 될 것이다. 그러므로 용기, 자유, 대담함을 허용하는 모든 요소들은 우리의 알려는 욕구를 또한 자유롭게 할 것이다.(159쪽)

매슬로는 두려움 나아가 결핍동기에서 비롯되는 인식은 왜곡될 위험이 크다고 우려했지만 사람의 인식은 기본적으로 정확하다고 말했다. 왜냐하면 사람은 어떠한 왜곡도 없이 있는 그대로 세상을 인식하려는 동기 ―진리를 파악하려는 동기― 역시 가지고 있기 때문이다.

우리는 사람들이 원하는 것을 보고 기억하고 또한 생각하기 위하여 그들의 인지적 기능을 선택적으로 왜곡한다고 여기는 사람들의 의견에 동의하지 않는다. … 왜냐하면 우리 모두는 실제를 있는 그대로 보기 위하여, 심지어 그것이 해를 입힌다 할지라도 때로는 강하기도 하고 때로는 약하기도 한 욕구에 의해서 동기화되기 때문이다.(159쪽)

절정경험

매슬로에 의하면 사람의 성장이란 곧 자아실현 욕구를 실현하는 과정이다. 그런데 이 성장과 자아실현에는 '절정경험'이 중요한 영향을 미친다. 절정경험이란 간단히 말하면, 높은 성취를 이루거나 경이로운 장면 등을 목격했을 때 체험하게 되는 '최고의 행복감이나 충족감'(164쪽)이다. 과학자가 오랜 산고 끝에 새로운 법칙을 발견했을 때, 바닷가에서 장엄한 일출장면을 보게 되었을 때 느끼는 최고의 행복감 등을 예로 들 수 있다. 매슬로는 이 절정경험을 '전체적인 변환, 카타르시스, 정점, 클라이맥스, 정상, 공허 내지는 종막'(212쪽)에 견주기도 했다.

　매슬로는 절정경험이 '본질적으로 가치로울 뿐만 아니라, 이러한 경험의 간헐적인 발생이 삶을 가치롭게'(172쪽) 만든다고 주장했다. 절정경험이 사람에게, 성장에 유익한 것은 왜일까? 첫째, 절정경험은 극히 즐겁고 선한 경험이기 때문이다. 매슬로는 절정경험이 매우 유쾌하고 '경탄할 만한' 것인 동시에 오로지 선이며 바람직하다고 말했다. 절정경험이 왜 '선'인지에 대해서는 그다지 납득할 만한 설명을 하지 않았으나, 아무튼 그는 '절정경험은 절대 악이나 바람직하지 않은 것으로 경험되지는 않는다'(174쪽)고 주장했다. 둘째, 절정경험이 인격을 한층 성숙하게 만들기 때문이다. 절정경험은 무엇보다 사람들의 세계관이나 관점을 건강한 방향으로 변화시킬 수 있으며, 그러한 변화는 대체로 영구적이다. 절정경험 속에서 사람들은 분열되어 있던 인격 내부를 통합하고 외부세계와도 더 잘 어우러지게 된다. 또한 그들은 보다 온전하고, 개성적이며, 자발적이고, 표현력이 풍부하며, 태평스럽고, 용기 있으며, 힘이 있고, 자신감과 책임감이 있으며, 창조적이고, 능동적인 주인다운 존재가 된다.

　절정경험에 달한 사람은 대개 최고 경지에 다다랐다고 느끼며, 그의 능력을 최대한 발휘한다. … 평소보다 더 지적으로 충만하게 되고, 지각력이 뛰어나며, 재치가 넘치게 되고, 더 강해지며, 더 품위 있게 된다. 최고의 상태가 되며 조화로움 속에서 최고의 원기를 가진다. … 이제 그는 제한이나 금지, 주의나 두려움, 의심이나 통제, 보류 또는 자기비판

등에서 자유롭게 되었다.(205/207쪽)

절정경험의 긍정적 효과에 대한 이러한 화려한 찬사를 듣다 보면, 절정경험이란 온갖 좋은 것은 다 가능하게 해줌으로써 사람을 초인의 경지에까지 올려놓는 그런 신비한 경험처럼 보이기도 한다. 셋째, 절정경험 이후에 사람들은 종종 이타적인 행동을 낳는 감사의 감정을 갖게 되기 때문이다. 절정경험을 하는 동안, 그리고 그러한 경험 후에 사람들은 독특한 행운이 있거나 운수가 좋다거나 은총을 받았다는 느낌을 받게 되는데, 이러한 느낌에 뒤따르는 일반적인 결과는 '감사의 감정'이다. 그런데 이와 같은 감사의 감정은 모든 사람과 모든 것에 대한 포괄적인 사랑으로 표현되거나 이끌리는 경우가 많아서 그것은 세상을 위해 무엇인가 좋은 일을 하고 싶다는 충동이나 의무감을 유발한다. 그것으로 인해 사람들은 세상에 보답을 하고 싶다는 갈망을 갖게 되므로 결국 절정경험은 사람들을 더욱 이타적으로 만드는 효과가 있다.(215/216쪽) 넷째, 마음의 병을 치유하는 효과가 있기 때문이다. 매슬로가 절정경험을 정신분석학적 치료의 통찰이나 카타르시스에 비유한 데서도 짐작할 수 있듯이, 절정경험은 병의 징후를 제거하는 치료적 효과를 가질 수 있다. 즉 '신비적 혹은 엄청난 경험을 한 사람은 신경증적 증상으로부터 영원히 벗어날 수 있다'(200쪽)는 것이다.

절정경험과 B-인식

매슬로는 절정경험이 가지는 또 하나의 특출한 효과로 인식능력
의 상승을 꼽고 있다. 그는 어떤 존재 자체를 있는 그대로, 객관적으
로 인식하는 것을 '존재인식(B-인식: Being cognition)'으로 규정했는데,
절정경험은 바로 이 B-인식을 가능하게 해준다. 절정경험에서 가능
해지는 B-인식의 특징은 다음과 같다.

① 비동기화된 가치중립적인 인식
매슬로에 의하면 '일반적 인식'은 동기화된 인식이고 인식주체의
가치가 개입된 인식인 반면 B-인식은 비동기화되고 인식주체의 가
치로부터 자유로운 인식이다.

> 우리는 결핍-동기의 방식으로 지각하며 단지 D-가치만을 지각할
> 수 있을 뿐이다. 이러한 일상적 지각은 전체 세계를 지각하는 것 혹은
> 우리가 절정경험에서 세계의 대용물로 받아들이는 전체 세계의 일부를
> 지각하는 것과는 다르다. 그러므로 우리가 지각할 수 있는 것은 우리 자
> 신에 의한 가치라기보다는 바로 전체 세계의 가치이다. 이것을 나는 존
> 재의 가치 혹은 간단히 B-가치라고 부른다. (176쪽)

결핍동기의 방식으로 인식한다는 것은 배가 고픈 사람이 꽁치를 인식할 때 그것을 먹을 수 있는가 없는가 또 맛이 있는가 없는가라는 기준을 가지고 인식하는 것을 말한다. 이런 식으로 인식을 할 경우 사람은 '지각해야 할 것과 하지 않아야 할 것을 구분하여 선택하고, 그것을 그의 욕구와 두려움 그리고 흥미에 연관시키면서 정비와 재정비를 통해 조직화'(181쪽)하기 때문에 꽁치라는 존재 그 자체에 대한 객관적인 인식을 할 수 없게 된다. 매슬로에 의하면 이렇게 인식 주체의 동기와 가치판단이 개입되는 일반적 인식은 심리학에서도 그대로 드러난다. 우선 '미국적 심리학, 혹은 더 폭넓게는 서구의 심리학'은 '인식의 결정요소는 인간의 욕구, 두려움, 그리고 흥미 등이 될 수밖에 없다'는 가정을 가지고 있다. 또한 인식이 항상 의식적, 무의식적 동기의 영향을 받는다고 보았던 고전적 프로이트 관점은 인식이 '도구적 기제'이며 자아중심적일 수밖에 없다고 간주한다.(170쪽) 마지막으로 서구의 기능적 심리학(Functional Psychology)은 광범위하게 퍼진 다윈이즘에 강하게 영향을 받아 모든 능력을 유용성이나 '생존적 가치'에 의해 판단하고 있다.(171쪽) 이렇게 심리학과 같은 학문 분야에서까지 광범위하게 사용되고 있는 일반적 인식은 '평가하고, 통제하며, 판단하고, 비난하거나 승인'(176쪽)하는 것이므로 왜곡된 인식으로 귀결된다. 반면에 B-인식은 마치 신처럼 사람의 이해관계나 동기에서 자유로운 인식이므로 객관적인 진리에 도달할 수 있다.

만약 우리가 신과 같이 될 수 있다면 우리는 보편적 이해에서 벗어나 어떠한 잘못도, 죄도, 혹은 실망이나 충격도 받지 않을 것이다.(175쪽)

이런 맥락에서 매슬로는 세계를 '이용도구 혹은 두려움의 대상으로 보는 게 아니라, 존재(목적) 그 자체로 바라'(168쪽)볼 것을 강력히 권고했다. 만일 그럴 수만 있다면 사람들이 싫어하는 모기나 바이러스도 아름답게 보일 수 있다고 하면서….

> 모기의 경우도 만약 그 자체를 목적으로 바라본다면 경이로운 것이다. 전자현미경으로 투시된 바이러스균은 매혹적인 물질이다.(적어도 우리가 모기를 인간과의 관계를 생각지 않은 채 바라볼 수 있다면 이와 같은 사실은 가능해진다.)(168쪽)

② 유일무이한 전체로서의 인식

만일 어떤 대상을 사람과의 관계를 중심으로 '유용성, 방편, 혹은 의도'와 연결해 인식하면 '부분적이고 불완전한' 인식을 할 수밖에 없다. 예를 들면 바이러스를 사람과의 관계, 특히 신체적 건강을 기준으로 인식하면 그것이 자연생태계에 꼭 필요한 유용한 물질임을 알지 못하고 질병을 일으키는 나쁜 세균으로만 파악하는 식의 부분적이고 불완전한 인식을 하게 될 위험이 커진다는 것이다. 반면에 비 평가적, 비 판단적, 비 비교적 인식인 B-인식은 인식대상에 대한 '전체적 관심'을 가능하게 해준다.

> 전체를 지각하고 부분을 넘어설 수 있는 능력이야말로 다양한 절정 경험에서의 인식의 한 특징이다.(187쪽)

'존재를 우주 전체인 것처럼 지각하는'(189쪽) 전체적 인식은 인식대상에 대한 매혹이나 몰입에 가까운 태도를 낳기 때문에 인식대상을 유일무이한 존재로, 개성적인 존재로 대우하게 된다. 마치 자신의 아기를 인식하는 어머니처럼 인식대상은 유일무이한 전체가 된다는 것이다.

> 그녀의 아기는 세상의 어느 누구와도 같지 않다. 아기는 놀랍고도 완전한 그리고 매혹적인 것이다.(167쪽)

매슬로는 선택된 방법에 의해 대상을 살피고, '중요하다'거나 '중요하지 않다'는 관점으로부터 대상을 보는 방법 ―그는 이를 '아기에게 있어서 중요하지 않은 부분이 있겠는가?'라는 물음으로 비판하고 있다― 과는 대조되는 '몰입되고, 매혹적이며, 완전히 주의를 기울인 인식'은 '대상에 대한 세밀하고 다방면적인 지식을 풍부하게 줄 것'(167쪽)이라고 강조했다.

③ 정서적, 미학적 인식

B-인식은 과학적, 이론적 인식만이 아니라 정서적, 미학적 인식까지 자체 내에 포함하고 있는 것 같다. 이는 다음과 같은 매슬로의 말에 잘 나타나 있다.

> 그를 완전히 이해하는 것이 가능하다면, 모든 것은 자기에게 꼭 알맞은 위치에 놓여진 것이 되고, 그는 심미적으로 지각되고 평가될 수 있

다.(188쪽)

결국 B-인식은 객관적이고 과학적인 인식인 동시에 정서적이고 미학적인 인식이기도 하다고 말할 수 있다. 그렇다면 과학적 인식에다 정서적, 미학적 인식까지 통합하는 것은 어떤 이점이 있을까? 첫째, 정서적, 미학적 인식은 인식내용을 더 풍부하게 만들 수 있다.

B-인식이 지각을 보다 더 풍부하게 만든다 … 사랑하는 이의 얼굴이나 그림에 대한 반복적이고 매혹적인 경험들은 우리로 하여금 그것을 더욱 좋아하지 않을 수 없게 하고, 더 다채로운 감각으로 볼 수 있게 한다. 우리는 이것을 대상 내부의 풍부함이라고 한다.(169쪽)

정서적, 미학적 인식은 인식대상에 대한 호감을 증가시키는데, '사랑하는 것이 사랑하지 않는 것보다 사랑의 대상에 대한 본질을 더 깊이 파악할 수'(170쪽) 있으므로 본질적 인식에도 유리하다. 둘째, 정서적, 미학적 인식은 인식 욕구를 계속 상승시킨다. 일반적 인식에서는 대상을 '단순히 유익하다거나 유익하지 않다는 것으로 분류하거나 위험하거나 위험하지 않다는 식으로 분류'한다. 따라서 '일반적 인식의 과제는 한 번의 관찰로 충분'하므로 인식 욕구는 사라지게 된다.(169쪽) 반면에 대상에 대한 호감을 증가시키는 정서적, 미학적 인식은 인식 욕구를 지속적으로 유지할 수 있게 해준다.

④ 직관적, 순간적 인식

절정경험은 장기간에 걸쳐 지속되는 경험이 아니라 순간적인 경험이므로 B-인식 역시 순간적인 인식이다. 이에 대해 매슬로는 'B-인식은 일반적으로 순간적인 것이다. 그것은 절정이며, 눈에 띄는 부분이고, 가끔씩 성취되는 것이다'(189쪽)라고 말했다. 그런데 그는 이와 동시에 '절정경험에서는 실체의 본질 그 자체가 아마도 보다 명확히 보여질 수 있으며, 그 본질은 보다 더 심오한 깊이에 도달할 수 있다'(174쪽)고 하면서, B-인식이 대상의 본질을 간파할 수 있게 해준다고 주장했다. 그의 이 두 가지 주장, 즉 '순간적 인식'과 '대상의 본질에 대한 인식'을 종합하면 B-인식은 직관적 인식이라는 결론을 내릴수 있다. 왜냐하면 순간적으로 사물현상의 본질을 파악하는 인식현상은 '직관'밖에 없기 때문이다. 직관이란 '이미 축적된 경험과 지식및 숙련 등에 기초해서 사물현상의 본질을 직접 또는 순간적으로 추측하거나 간파하는 인식현상'이다. 직관은 사물현상의 본질을 인식하는 데에서 판단이나 추리 등의 논리적 형식을 거치지 않는다. 일부철학자나 심리학자들은 이 직관을 신비로운 인식능력으로 간주하기도 하는데, 그것은 비록 무의식적이고 순간적이긴 해도 '이미 축적된 경험과 지식 및 숙련 등에 기초'하는 것이므로 전혀 신비로운 인식능력이 아니다. 따라서 뛰어난 직관능력은 누구나 다 가질 수 있는 게아니라 평소에 많은 노력을 통해 풍부한 경험과 능력을 축적해온 사람들만이 가질 수 있다. 그리고 이런 경우에도 직관에 의한 인식의결과는 반드시 논리적으로 분석, 검토되고 실천에 의하여 검증되어야만 한다. 절정경험이 왜 그리고 어떤 식으로 사람의 직관능력을 높이는지는 명확하지 않지만, 아무튼 매슬로가 말하는 B-인식이 직관적인 인식임은 분명한 것 같다.

지금까지 B-인식에 대해 살펴보았는데, 매슬로에 의하면 이 B-인식은 절정경험 상태에서 그리고 자아실현을 한 사람들에게서 나타난다.

절정경험에서, 인식은 상대적으로 자아초월적이며, 자기망각적이고, 비자아적이라고 할 수 있다. 그것은 동기화된 것이 아니며, 비개인적이고, 욕망되어지지 않은 것으로, 비이기적이며, 결핍되지 않은 것이며, 초연한 것이다. 그것은 자아중심적이라기보다는 대상중심적이다.(171쪽)

7

B-인식의 문제점

만약 매슬로의 말이 사실이라면, 일반적 인식에 비해 B-인식이 일련의 장점을 가질 수 있다는 점은 인정할 수 있지만 B-인식에 대한 그의 이론은 다음과 같은 중대한 결함들을 가지고 있다.

① 규정화, 추상화를 배격하는 것은 잘못이다.
매슬로는 일반적 인식이 규정화, 추상화 방법을 사용하기 때문에

올바른 인식을 할 수 없게 만든다고 주장했다. 그는 규정화, 추상화가 나쁜 이유에 대해 다음과 같이 말하고 있다.

> 규정화(Rubricizing)[사전에 의하면 rubric은 ① (책 등의 장·절의) 제명, 제목, ② 주서(朱書), 붉게 인쇄한 것, 빨간 글씨라는 뜻을 가진다. 따라서 이것을 한국어로 번역하자면 이름을 붙이거나 분류를 한다는 의미의 '명명화' 정도가 타당할 것 같지만, 여기서는 번역본 그대로 규정화라는 개념을 사용하겠다.] … 이것은 지각된 존재인 대상이나 개인의 모든 양상을 완전히 인식한 것이 아니라, 분류법이나 유형별로 나누고 나서 하나의 캐비넷 혹은 그 외의 캐비넷으로 정리해버리는 것이다.(166쪽)

매슬로는 '규정화'를 '인식의 하찮은 형태', '실제로 아무것도 인식하지 못하는 형태', '빠르고 쉽게 범주화시키는 형태'라고 비판한다. 규정화는 '차이점이나 유사점에 의해 개인을 보는 것이 아니라, 그가 속해 있고, 표본화되어 있는 범주에 의해 그를 보는 것'(232쪽)이기 때문이다. 매슬로는 어떤 한 개인을 인식할 때 그를 외국인이라고 규정하면, 그때부터 우리는 그 사람을 '전체 세계의 다른 사람과 다른, 하나밖에 없는 전체적인 인간존재로 보지 못'(186쪽)게 된다고 주장했다. 이를 좀 쉽게 말하면, 누군가를 인식할 때 그 사람을 '여자, 흑인, 웨이터, 배달부, 군인' 등으로 규정하거나 분류하면, 그런 사회집단에 대한 편견이나 고정관념이 작동하게 되므로, 그의 전체적인 인격이나 개성을 인식할 수 없게 된다고 풀이할 수 있다. 게다가 그런 식으로 누군가를 규정하는 것은 비인간적이어서 상대방을 화나게 한다. 왜냐하면 규정화는 상대방의 '개체성을 부인하거나 또는 그의 개성이나 남과 구별되는 고유한 정체성에 주의를 기울이지 않'게 하므로, '규정된다는 것은 일반적으로 규정된 사람에게 불쾌'(232쪽)하기 때문이다.

> 누군가를 개인으로서가 아니라 웨이터로서, 경찰관으로서 혹은 '부인'과 같은 존재로 레테르를 붙여버린다는 것은 때때로 잘못된 것이 된다. 우리 모두는 우리의 완전성으로, 풍부함으로 그리고 복합된 존재로 인정받기를 원한다.(190쪽)

매슬로가 강력하게 반대하는, 함부로 '이름표 붙이기'가 잘못이라는 것은 분명하다. 하지만 규정화, 추상화와 사람에게 함부로 이름표 붙이기는 전혀 별개의 문제이다.

추상은 사물현상의 본질적이며 일반적인 징표만을 끌어내는 사유과정이고 사상은 비본질적인 징표들을 내버리는 사유과정이다. 그런데 이를 근거삼아 매슬로는 추상이 허위라고 강변한다.

> 추상화는 그것의 유용한 범위 내에서도 역시 허위이다. 말하자면 대상을 추상적으로 지각한다는 것은 대상의 어떠한 측면은 지각하지 못한다는 것이다.(185쪽)

그러나 이 같은 매슬로의 주장은 심한 사실왜곡이고 억지이다. 동시적으로 진행되는 사유과정인 추상과 사상은 사람이 세계를 감성적으로 인식하는 단계로부터 이성적으로 인식하는 단계로 넘어가는 데에서 첫 인식론적, 논리적 수법을 이룬다. 인식과정에서는 여러 가지 속성들을 가지고 있는 사과, 배, 복숭아, 밤과 같은 구체적인 사물들을 비교분석하면서 공통적이며 일반적인 본질적 속성들을 추려내고 개별적이며 비본질적인 속성들을 버림으로써 '과일'이라는 개념을 형성한다. 사람은 이렇게 추상과 사상을 통하여 개별로부터 일반으로, 현상으로부터 본질로 나아가 개념을 형성하고 법칙들을 찾아내면서 세계에 대한 인식을 심화시킨다.

매슬로는 '추상화되고 범주화된 인식과 구체적이고 가공되지 않은 그리고 생생한 인식 사이에는 상당한 차이점이 있다'(184쪽)고 하면서 추상화된 인식을 배격해야 한다고 말하고 있다. 하지만 추상과 사상은 감성적 인식을 떠나 추상적 사유 속에 들어감으로써 사물현상에 대한 생생한 구체적 파악으로부터 물러서게 하는 것처럼 보이지만 반대로 그 사물현상의 본질을 파악하는 데로 더 접근시킨다. 따라서 '범주화하고 도식화하며 분류하고 추상화하는 것'이 '실제적인 세계의 본질을 인식하지'(184쪽) 못하게 만든다는 매슬로의 주장은 명백한 오류이다. 그가 주장하는 것처럼 범주화나 추상화를 배격한다면 사물현상에 대한 개별적이고 구체적인 속성은 파악할 수 있을지 모르나 본질은 절대로 인식할 수가 없다. 예를 들어 눈앞에 어떤 동물이 지나가고 있다고 해보자. 매슬로가 말한 대로 추상화를 배격하고 관찰을 하면 우리는 흰색 털이 나있고 네 개의 다리가 있으며, 귀는 뾰족하고 꼬리는 위로 말려 있다는 등의 그 동물이 가지고 있는 구체적인 징표들은 생생하게 파악할 수 있을 것이다. 하지만 범주화,

추상화를 하지 않는 이상 우리는 그 동물이 개인지 고양이인지는 결코 알 수가 없다. 즉 대상의 부분적이고 비본질적인 징표는 인식할 수 있겠지만 본질적이고 일반적인 징표는 파악할 수 없다는 것이다. 그러므로 어떤 대상을 개나 고양이 등으로 분류하고 추상화하는 것은 인식을 심화시키는 것이지 그 반대가 아니다. 물론 추상화만으로 인식이 모두 끝나는 것은 아니므로 사람은 추상적 인식에 기초하여 개별적 사물현상의 풍부하고 다양한 속성들을 구체적으로, 전면적으로 파악하는 데로 나아감으로써 인식을 한층 심화시켜야 한다. 일단 눈앞에서 지나가는 동물을 개로 범주화, 추상화했으면 그것에 기초해 더 풍부하고 다양한 속성들을 파악해야 한다는 것이다.

감성적 인식(감각, 지각, 표상)과 이성적 인식(개념, 판단, 추리)은 서로 대립되거나 모순되는 것이 아니라 밀접한 연관 속에서 통일적으로 작용함으로써 사람의 인식활동을 가능하게 해주는 것이므로, 개념을 형성하는 데 필수적인 추상과 사상 나아가 비교, 분석과 종합, 일반화와 같은 수법 등을 배격하면 안 된다. 그럼에도 불구하고 매슬로가 감성적 인식만을 절대시하는 잘못된 주장을 하게 된 가장 주요한 원인은 그가 과학적 추상과 사상의 역할을 인정하지 않고 오직 감각과 경험을 통한 인식만을 인정하는 '현상학'의 영향을 받은 데 있는 것 같다.

매슬로는 B-인식을 극구 찬양하면서 '어린이는 그것을 분류 또는 조직하지 않는다. 단지 바라볼 뿐이다'(187쪽)라고 칭찬했다. 그러나 바로 그것 때문에 어린이는 세계를 올바로 파악하지도 변혁하지도 못한다.

② 무아지경의 상태는 과학적 인식에 도움이 되지 않는다.

'절정경험 속에서 개인은 지금 이곳에 존재하며, 많은 의미에서 과거와 미래로부터 자유로워진다'(209쪽)는 말이 보여주듯, 절정경험을 하고 있는 사람은 시공간에서 분리된 일종의 무아지경 상태에 빠지게 된다. 절정경험은 무엇엔가 깊숙이 몰입하는 것과 유사하므로 다음과 같은 상황이 연출된다는 것이다.

> 경험의 모든 순간에 있어서 개인이 시간과 공간에서 제외되어 있었다 … 시인이나 예술가는 창조에 대한 열정에서 그의 주위환경도, 시간의 흐름도 잊어버리게 된다.(173쪽)

그런데 인식주체가 시간과 공간으로부터 분리된다면 '신선놀음에 도끼자루 썩는 줄 모른다'는 말처럼, 시공간에 대한 인식은 부정확하게 될 가능성이 커진다. 이 점에 대해서는 매슬로도 인정하고 있다.

> 절정경험에서 시간의 흐름을 판단하는 것은 아주 부정확함이 틀림없으며, 환경에 대한 의식도 일반적인 생활보다는 정확하지 않다는 것 또한 틀림없는 사실이다.(174쪽)

인식주체가 시간과 공간에서 분리되어 시공간에 대한 판단 ─시간과 환경은 객관세계를 구성하는 양대 핵심 요소라고 할 수 있다.─ 이 부정확해질 정도라면, 그 사람은 극단적인 자기중심적인 상태에 있다고 말할 수 있다. 그렇다면 과연 그것이 매슬로가 그렇게도 강조하는 객관적인 인식과 양립할 수 있을까? 일반적으로 자기중심적인 인식은 주관적인 인식과는 가까운 반면 객관적인 인식과는 거리가 한참 멀지 않은가.

결론적으로 말하면 무아지경 상태의 B-인식은 객관적인 인식을 방해할 가능성이 매우 높다. 따라서 그것은 매슬로가 입이 마르게 칭찬했던 것과는 달리 대부분의 경우 사람들을 객관적인 진리가 아니라 주관적인 허위로 안내할 것이다. B-인식이 잘못될 수 있음은 매슬로도 소극적이나마 인정하고 있다.

> 이러한 인식의 방법이 풍요로운 결과를 낳고 영향력이 좋다는 것은 사실이며, 진리를 발견하는 최상의 방법 또는 유일한 방법이 될 수도 있다. 그러나 통찰의 순간에 다가오는 방해나 선택, 거절, 확신 그리고 (특히) 타당성의 문제는 여전히 남아 있다.(199~200쪽)

무아지경 상태가 초래하는 자기중심적인 태도는 스스로를 과대평가하고 객관세계는 과소평가하는 과대망상적 인식으로 귀결될 위험이 크다. 그리고 그런 과대망상적인 인식은 순간적으로는 사람들에게 커다란 만족감과 자신감을 줄 수 있겠지만, 그것은 환상에 불과하므로 그런 인식에 기초한 활동은 현실세계에서 전혀 통하지 않을 것이다. 매슬로가 B-인식이 가지는 중요한 위험 중의 하나로 그런 인식을 한 사람들이 '불가능한 행동을 한다거나, 적어도 막연한 행동을 한다'는 점을 지적하고 있는 것은 그래서이다. 결국 B-인식은 객관적인 인식과는 거리가 먼 자기만족적이고 과대망상적인 환상으로 귀결될 가능성이 농후하므로 B-인식과 현실에서의 행동은 양립하기 어렵다.

> 중요한 위험은 B-인식이 행동과 양립할 수 없다는 것이다. 그러나 대부분의 시간을 우리는 행동이 요구되는 세계 내에서 살아간다.(221쪽)

③ 비동기적 인식, 가치중립적인 인식은 불가능하다.

매슬로는 동기화된 인식의 경우에는 '누구나 자신의 이론과 기대만을 들을 뿐이다'(181쪽)라고 하면서 비동기화된 B-인식을 해야 한다고 강조했다. 그리고 그러한 비동기화된 인식의 예로 프로이트의 '자유연상 태도'(181쪽)를 들고 있다. 그러나 프로이트는 자유연상이 '그 순간 작동되는 정신의 중요한 내적 태도들에 의해 항상 엄격하게 통제되고 있다'(프로이트, 1917, 「정신분석 강의」, 『프로이트 전집 제1권』, 열린책들, 146쪽)고 분명히 밝히고 있다. 즉 자유연상은 '사실은 자유로운 것이 아니'라서, 분석상황 하에서 자유연상을 하는 사람은 분석상황과 관계있는 것 ―치유동기에 관련된 것― 만을 떠올리게 된다는 것이다.(프로이트, 1925, 「나의 이력서」, 『프로이트 전집 제15권』, 열린책들, 242쪽.) 일단 자유연상 문제는 차치하더라도, 매슬로가 말하는 비동기화된 인식이란 있을 수 없다. 탈동기화된 상태, 사람으로부터 동기를 제거하는 것은 불가능하기 때문이다. 무엇보다 인식행위 자체가 인식 욕구에 근거하고 있으며 그것을 실현하려는 활동이다. 또한 어떤 존재를 있는 그대로 보려면 탈동기화가 아니라 매슬로가 강조했듯이 객관적 인식을 하려는 동기가 필요하다. 나아가 의식되지 않고 있는 무의식적 동기는 더더욱 제거하기가 어렵다. 따라서 사람은 현실적으로 가능하지도 않은, 동기를 배제한 인식을 하려고 할 게 아니라 인식의 배후에서 작용하는 동기를 파악하고, 만일 그것이 객관적 인식을 방해하는 동기라면 그런 동기만을 제거하면 된다. 객관적 인식에 도움이 되는 건강한 동기까지 제거할 까닭은 없는 것이다.

매슬로는 '옳음과 그름, 선과 악, 과거와 미래 등 이 모든 것들은 B-인식과는 아무런 관계가 없으며, 동시에 작용하지 않는다'(220쪽)고 하면서 B-인식의 가치중립성을 극구 칭찬했다. 그리고 사람의 이해관계나 동기를 초월하는 가치중립적인 인식은 신에게서나 가능한 것이므로 B-인식을 하는 사람은 '신과 같아질 수가 있다'고까지 말했다. 그러나 자연과학의 경우에는 어느 정도 가치중립적인 인식이 가능할 수 있을지도 모르나 인문사회과학의 경우에는 가치중립적인 인식이란 원천적으로 불가능하다. 선과 악의 문제, 정의와 불의의 문제, 건강한 인생과 병적인 인생의 문제 등을 논할 수 없는 혹은 논하지 않는 가치중립적인 인문사회과학이란 그야말로 아무런 가치도 없기 때문이다. 매슬로는 동기화된 인식을 하면 안 된다거나 사람을 이러저러하게 규정하면 안 된다고 강조했는데, 그런 입장들에는 이미 '동기화된 인식은 나쁘다'라든가 '사람한테 이름표를 붙이는 것은 나쁘다'라는 가치들이 내재되어 있다. 게다가 B-인식의 중요한 특징 중의 하나인 정서적, 미학적 인식은 '가치'가 개입되지 않고는 절대로 이루어질 수가 없다. 어떤 것을 아름답게 여기는가 추하게 여기는가는 기본적으로 인식주체의 미학적 가치판단과 관련되어 있기 때문이다.

매슬로는 가치중립적인 B-인식을 하면 세상이 꺼려하고 싫어하는 사람들과도 친숙해질 수 있다고 말했다.

치료를 하는 상황에서 우리는 사랑과 이해, 수용과 용서하는 방법에 의해 일반적으로 우리가 두려워하고 미워하는 사람들(살인자들, 동성연애자, 약탈자들, 비겁자들)과 친숙해질 수 있다.(190쪽)

심리치료자는 이런저런 편견에서 자유로워야 하며, 일반인보다 포용력이 넓어야 한다는 데 이견이 있을 수 없다. 하지만 연쇄살인범이나 대량학살범 등과도 친숙해질 필요가 있는지 또 그것이 과연 치료에 무슨 도움이 될지 의문이다.

가치중립적인 B-인식은 매슬로가 우려한 대로 '무차별적인 수용과 일상적인 가치의 희석화, 취미나 기호의 상실 및 지나친 관대함 등으로 이끌 수 있다.'(226쪽) 그 결과 눈앞에서 강도가 사람을 죽이려 하고 있는데도, 눈을 질끈 감고 초연한 척하는 현실도피를 조장할 수 있다. 즉 B-인식은 사람을 자기중심적이고 이기적으로 만들어 다음의 예처럼 세상에 해를 끼치는 악한 존재로 만들 수도 있다는 것이다.

우리가 다른 사람을 돕는 데 있어서 책임감을 덜 느끼도록 한다 … 아름다운 종양을 보고 경이의 절정에 빠져버린 외과의사는 환자를 죽일지도 모른다. 만약 우리가 홍수에 탄복한다면, 댐을 건설하지 않을 것이다.(222쪽)

이 외에도 B-인식에 대한 매슬로의 이론은 일반적 인식에 대한 과도한 폄하, '가치' 개념에 대한 몰이해, 이론적 인식과 미학적 인식을 뒤섞는 문제 등을 가지고 있다.

매슬로는 인본주의 심리학자답게 다음과 같이 선언했다.

> 모든 전체적 인간, 모든 회화 그림, 모든 꽃들은 한 부류의 유일무이한 성원이 되며 개별적으로 지각되어야 한다. (191쪽)

어떤 대상, 특히 사람을 존중하고 인격적으로 대우해야 한다는 그의 주장에 어느 누가 감히 반대하겠는가. 하지만 그러한 인격적 대우는 문제투성이의 B-인식에 의해 가능해지는 게 아니다. 그것은 오히려 매슬로가 한사코 배격했던 과학적, 이성적 인식을 포함할 때 비로소 가능해질 것이다.

절정경험이 목적이 될 수 있는가?

매슬로는 '절정경험은 완전하고 완벽하며 더 이상의 것이 필요 없다. 그 자체만으로도 충분하다'(174쪽)고 말했다. 절정경험은 어떤 것과도 비교할 수 없는 너무나 좋은 것이어서 다른 것을 필요로 하지 않으며, 그 자체로서 목적이 될 수 있다는 것이다.

> 순수한 기쁨과 같은 절정경험이야말로 나의 피험자들에게 있어서 궁
> 극적인 삶의 목적이 되며, 그것에 대한 궁극적인 타당성과 정당성을 가
> 지는 것이다.(173쪽)

절정경험이 그 자체로 목적, 나아가 삶의 목적이 될 수 있는가를
검토하려면 절정경험의 정체에 대해 좀 더 파고들 필요가 있다. 그런
데 매슬로가 한 말들을 종합해보면 절정경험은 강력한 감정체험임
을 알 수 있다.

절정경험에서는 두 가지 육체적 반응이 나타난다. 첫째는 흥분과
고도의 긴장("나는 마구 뛰고 싶고, 큰소리를 지르고 싶을 정도로 열광적이
되었다")이다. 두 번째는 이완이 되고 평화로운, 고요와 평온의 감정
이다.(217쪽) 이완, 평화, 고요, 평온의 단계는 절정경험을 한 사람이
그것에서 빠져나오지 않으려 하기 때문에 나타나는 것으로 추정되
는데, 매슬로는 이것을 만족중추를 자극받은 흰쥐에 대한 연구결과
에 기초해 설명하고 있다.

> 두뇌에 있는 '만족 중추(Satisfaction center)'를 자극받은 흰쥐는 그 경험
> 을 '음미'하는 것처럼 죽은 듯이 멈추어 있다. 마약에 의해 황홀경을 경
> 험하는 사람에 있어서도 그것은 마찬가지여서 조용하고 비활동적이 된
> 다. 희미해지는 꿈속의 기억을 붙잡기 위해서는 움직이지 않는 것이 최
> 상의 방법이기 때문이다.(221쪽)

어쨌든 절정경험에서는 조증과 유사한 감정의 고양 혹은 축적이 있고 그 다음에는 그러한 감정이 해소되면서 생기는 일종의 해방감이나 평온감이 뒤따른다고 볼 수 있다. 이러한 과정은 프로이트가 언급했던 카타르시스와 감정적인 측면에서 상당히 유사한데, 이를 통해서도 우리는 절정경험이 강렬한 감정체험과 관련되어 있음을 짐작할 수 있다.

매슬로는 이후에 출간된 또 다른 저서에서 환각제 류의 약물을 통해 절정경험을 불러일으킬 수 있을 거라는 희망을 밝히고 있다.

초월에 대한 과학적 연구의 새로운 가능성이 추가될 수 있을지도 모른다. 지난 몇 년간 '환각제(psychedelic)', 특히 LSD나 사일로사이빈(Psilocybin)이라는 약품은, 절정경험 영역에 대한 통제가능성을 열어놓았음이 분명하다. 이들 약품들은 정상적인 상태에서, 정상적인 사람에게 때때로 절정경험을 일으킬 수 있는 것처럼 보인다.(매슬로, 1971, 「종교, 가치 그리고 절정경험」, 『가치와 존재』, 교육과학사, 1994, 73쪽.)

약물로 절정경험을 유발할 수 있다는 것은 그것이 감정체험임을 다시 한 번 분명하게 확인해준다. 왜냐하면 약물은 사람의 몸에서 일정한 신체적 변화를 야기하는데, 그러한 '신체적 변화'야말로 감정의 필수적인 요소이기 때문이다. 간단하게 요약하자면 감정은 신체적 변화와 그것에 대한 인지적 해석을 더한 것이라고 할 수 있다. 예를 들면 심장이 빨리 뛰고 호흡이 가빠지며 손발에 땀이 나는 등의 신체적 변화가 있으면, 사람들은 그것을 '내가 지금 두려워하고 있다'거나

'내가 지금 기뻐하고 있다'는 식으로 해석한다. 이렇게 해서 우리는 공포감이나 행복감 같은 감정들을 체험하게 된다. 여기에서 알 수 있듯이, 감정체험은 일반적으로 신체적 변화와 그것에 대한 인지적 해석을 포함하고 있다. 그런데 절정경험은 평소에는 거의 경험하기 힘든, 평소보다 훨씬 강렬한 감정체험 —평소에는 느낄 수 없었던 커다란 신체적 변화를 수반하는— 일 것이므로 사람들은 그것을 쉽게 해석할 수가 없을 것이다. 매슬로는 절정경험이 역설적으로 고통과 유사할 수도 있지만 그 고통은 누구나가 바라는 것이며 가끔은 '달콤한 것'으로 표현되기도 하는 것이라고 말했다.(183쪽) 이 말은 사람들이 절정경험이라는 감정체험을 이해하거나 해석하지 못하고 있음을 암시해준다.

약물을 가지고 진행한 실험결과를 보면 약물을 먹어서 강렬한 신체적 변화를 느끼게 되면 피험자들은 그것을 약물 탓으로 돌리지만, 만일 약물을 먹었다는 사실을 모를 경우에는 몸에서 느껴지는 변화를 해석할 수가 없어서 당황해하거나 엉뚱한 이유를 갖다붙이기도 한다. 커다란 신체변화가 수반되는 절정경험은 후자와 비슷한 상황이라고 할 수 있다. 따라서 매슬로의 말대로 절정경험이 갑자기 찾아오는 강렬한 감정체험이라면 사람들은 그것을 인지적으로 이해하거나 해석하기가 매우 어려워 곤혹스러워할 것이다. 그렇다면 사람들은 이러한 해석하기 힘든 강렬한 감정체험에 대해 어떤 식으로 반응할까? 강렬한 감정체험을 포함하는, 이해하거나 해석할 수 없는 것들은 대부분 신비로움이나 두려움 같은 반응을 동반하기 마련이다. 미지의 괴물이나 UFO를 사람들이 신비롭게 대하거나 혹은 두려워하는 것처럼. 그러니 매슬로가 다음과 같은 것들을 절정경험에서의 감정반응으로 나열한 것은 당연하다고 할 수 있다.

절정경험에서의 정서적인 반응은 경이라거나 경외 혹은 경의, 겸손, 그리고 어떤 위대한 힘 앞에 무릎을 꿇는 경험과 같은 독특한 풍미를 나타낸다. 이것은 때로 압도된 존재에의 두려움을 가지기도 한다.(183쪽)

지금까지 살펴보았듯이 절정경험이란 일종의 감정체험, 그것도 말로는 도저히 표현할 수 없을 정도로 아주 강렬한 감정체험이다. 이를 프로이트 식으로 말하면 극단적인 쾌락의 감정을 체험하는 것이라고 할 수 있다. 따라서 절정경험을 목적으로 삼는 것은 쾌락, 그것도 순간적인 쾌락을 목적으로 삼는다는 말과 본질적으로 같다.

절정경험을 신의 계시로 여기든 아니면 천벌의 징조로 여기든 상관없이 그것의 본질이 강렬한 쾌감을 주는 감정체험인 이상 절정경험은 목적이 되어서는 안 된다. 절정경험을 목적으로 삼게 되면 다음과 같은 문제들이 생길 수 있다.

첫째, 절정경험은 사람들을 현실도피적으로 만들 수 있다. 매슬로는 절정경험 상태에 있는 사람을 다음과 같이 묘사하고 있다.

이제 개인은 보다 순결한 정신을 지니고 있으며 세상의 법칙 하에 살고 있는 세계 내의 일상사에서 멀어지고 있다. 다시 말해서 그는 비정신적인 실제의 법칙보다는 내부적 정신법칙에 의해 결정되어진다는 것이다.(210쪽)

이 말을 좋은 쪽으로 해석하지 못할 까닭은 없지만, 그럴 경우에도 여기에서 우리는 절정경험이 사람을 '세상의 법칙', '일상사'에서 멀어지게 만든다는 것만큼은 명확하게 알 수 있다. 그래서 그 정도가 지나치게 되면 절정경험은 다음과 같은 결과로 이어지기 십상이다.

일상적이 아닌 별난 것, 이상한 것, 그리고 평범하지 않은 것을 추구하는 것은 때때로 편력의 형태를 띠기도 하며, 일상적 세상으로부터 벗어나 다른 나라 혹은 다른 종교에 입문하는 형태를 띠기도 한다.(매슬로, 1979,『가치와 존재』서문, 교육과학사, 1994, 8쪽.)

둘째, 절정경험을 목적으로 삼는 사람들은 쾌락중독자가 될 위험이 있다. 그것이 무엇이든 간에 순간적인 기쁨이나 쾌락을 중심에 놓고 사는 삶은 건강할 수가 없다. 왜냐하면 모든 중독은 쾌락추구욕을 바탕으로 해서 진행되기 때문이다. 도박이 주는 쾌감에 맛을 들인 사람은 점점 더 깊이 도박에 빠져 들어가 결국엔 도박중독자가 된다. 이와 마찬가지로 절정경험을 목적으로 삼게 되면 절정경험 중독에 걸릴 위험이 커진다. 이에 대해서는 매슬로도 다음과 같은 경고를 남기고 있다.

역사적으로 볼 때 (분극화된) 신비주의의 또 다른 약점의 하나는 체험 계기의 강도를 점진적으로 증가시켜야 될 필요성의 위험이 있다는 것이다. 즉 같은 체험을 맛보기 위해서는 더욱더 강한 자극을 필요로 하기 때문이다. 만약 절정경험이 유일한 선이 된다면 … 사람들은 그것에 집착하고 추구하고 획득하기 위하여 투쟁할 것이다.(매슬로,『가치와 존재』서문, 7쪽.)

중독자들은 짜릿한 쾌감을 주는 중독 상황에서 빠져나오느니 차라리 죽기를 바라기도 한다. 왜냐하면 현실에서는 그런 쾌감을 맛볼 수가 없기 때문이다. 이와 유사한 현상은 매슬로가 연구했던 절정경험 체험자들에게서 그대로 나타났다.

나의 피험자들뿐만 아니라 절정경험에 관한 많은 지지자들이 절정경험과 죽음의 경험을, 즉 죽음에의 갈망과 대등한 것으로 다루었다. 전형적인 표현은 다음과 같다. "이것은 너무나 경이롭다. 어떻게 해야 좋을지 도무지 모르겠다. 내가 지금 죽는다면, 그렇게 된다면 너무나 좋을 텐데."(183쪽)

그것이 제아무리 강렬한 쾌감을 주더라도 복상사 같은 죽음은 절대로 아름다운 죽음은 아니며, 순간적으로라도 그런 죽음을 갈구하는 사람은 건강한 인격자와 거리가 멀다. 세상에는 개인적 그것도 순간적 쾌락 추구보다 더 가치 있는 일이 많지 않은가. '더 이상 좋을 수는 없을 테니 이 상태로 죽어도 좋다'는 말은 세상과 인류에 대한 연대의식, 공동체의식의 부재 없이는 절대로 나올 수 없는 쾌락중독자들의 궤변일 뿐이다.

셋째, 절정경험 탐닉은 이기주의와 한통속이다. 자신의 쾌락을 최고의 목적으로 삼는 사람은, 스스로를 제아무리 그럴싸한 말로 포장하더라도 이기주의자일수밖에 없다. 사람은 사회적 존재이므로 자기 자신만이 아니라 자신이 소속되어 있는 공동체를 위해 봉사하고 기여하려는 욕구를 가지고 있다. 그런데 한낱 개인의 주관적인 체험에 불과한 절정경험을 목적으로 삼게 되면 개인의 이익을 최우선시하는 인생을 살게 된다. 그렇기 때문에 매슬로도 절정경험을 목적으로 하는 사람이 다음과 같은 위험에 처할 수 있다고 경고했던 것이다.

> 신비적 형(Mystical type)의 인간은 단순히 경험적인 상태에 머물 위험이 있다. 엑스타시스(Ecstasies)와 절정경험(Peak-experience)의 기쁨과 놀라움에 오직 그것들을 추구하게 될 것이며 특히 그것에 인생의 최고선이라는 가치를 두게 됨으로써 선악에 대한 다른 기준을 모두 버리게 될 수 있다. … 극단적으로 이기적인 사람이 될지도 모른다.(매슬로, 『가치와 존재』 서문, 6~7쪽.)

위험에 처한 누군가를 구해주거나 인류역사에 기여할 만한 창조물을 만든 순간에 절정경험을 하게 된다면, 그것은 좋은 일이다. 그러나 이와 반대로 절정경험을 하기 위해서 누군가를 구해준다거나 위대한 작품을 창조한다면 그것은 앞뒤가 바뀐 것이라 하지 않을 수 없다. 즉 절정경험은 가치 있는 일을 하거나 경험하려는 올바른 목적을 추구하면서 우연히 얻을 수도 있는 부수적인 효과로 간주되어야지 그것 자체가 목적이 되어서는 안 된다는 것이다. 앞에서 살펴보았듯이 절정경험을 목적으로 삼는 사람은 현실도피적이고 쾌락중독적이며 이기적으로 될 가능성이 커진다. 따라서 절정경험을 굳이 거부할 필요는 없겠지만 그것을 의도적으로 추구하거나 목적으로 삼는 것은 지극히 위험하다.

자아실현에 대하여

매슬로는 자아실현 욕구를 사람이 가질 수 있는 최상의 욕구이자 유일한 성장동기라고 강조했으므로, 그의 관점에서는 자아를 실현한 사람이야말로 가장 훌륭하고 위대한 사람이 된다.

그렇다면 과연 자아실현이란 무엇일까? 매슬로의 이론에서 자아실현이라는 말은 대체로 자기의 모든 잠재력을 실현한다는 것을 의미한다. 그 구체적인 내용은 자아실현을 한 사람에 대한 매슬로의 설명을 보면서 살펴보기로 하자.

이제 모든 것은 그 자신에 따르며, 그대로 쏟아내며, 의지의 개입 없이, 애쓰지 않고, 목적 없이 자연 그대로의 순리에 따른다. … 고통을 피하지도, 불쾌나 죽음을 피하지도 않는다. 미래를 위한 목적 때문에 나아가는 것도 아니며, 그 자체보다 다른 목적을 위하지도 않는다.(211쪽)

이런 설명은 마치 도교에서 말하는 신선과 비슷한 느낌을 주는데,

매슬로는 자아실현자가 '아무런 욕구도, 원하는 것도, 부족한 것도 없으며, 모든 것에 만족'(212쪽)하기 때문에 신과 비슷하다고 말하고 있다. 자아실현자에 대한 이런 신비적인 설명은 당연히 사람들 사이에서 '자아실현은 정적이고, 비현실적이며, 모든 인간문제는 초월되어 이후에는 평온함과 황홀경의 초인간적 상태에서 영원히 행복하게 살 완벽한 상태'라는 식의 '자아실현에 대한 광범한 오해'를 야기했다.(218쪽) 그래서인지 매슬로는 그러한 오해들을 시정하기 위해 자아실현자를 신의 자리에서 끌어내려 다음과 같이 규정하기도 했다.

> 보다 성숙된 사람에게도 문제와 고통은 여전히 남아 있지만('숭고한' 종류의 것이라 하더라도) 이러한 문제와 고통은 양적으로 훨씬 적으며, 즐거움은 양적으로나 질적으로 훨씬 더 많은 것이 사실이다. 한마디로 그는 인격발달의 높은 수준에 다다랐으므로 주관적으로 훨씬 더 행복하다는 것이다.(219쪽)

매슬로의 설명을 종합해보건대, 자아실현자란 낮추어서 보자면 보통 사람보다 '주관적으로 훨씬 더 행복'한 사람이며 높여서 보자면 '신의 경지 혹은 득도의 경지'에 오른 사람이라고 할 수 있다. 그런데 주관적으로 행복한 사람이나 신선 같은 사람을 탓할 까닭은 없지만 그런 사람을 가장 훌륭한 사람이라고 할 수 있는지는 의문이다. 왜냐하면 보통 사람들보다 주관적으로 훨씬 더 행복한 사람이 꼭 선한 사람은 아니며, 신이나 신선은 상상 속의 인물 혹은 천상의 인물이지 현세의 사람이 아니기 때문이다. 극단적인 경우에 속하겠지만, 폭군이나 악독한 부자 중에도 보통 사람에 비해 자신의 잠재력을 더 많이 실현하고 주관적으로도 훨씬 더 행복한 사람이 있을 수 있다. 또한 산속 깊은 동굴에서 마음수련을 해 득도에 성공함으로써 세상만사에 완전히 초연해진 신선 같은 사람은, 세상과 인류를 위해서는 별다른 기여를 하지 못하는 쓸모없는 인간일 수 있다. 따라서 주관적으로 행복한 사람, 세상만사에 초연한 사람이라는 설명만으로는 자아실현을 한 사람이 가장 훌륭한 사람이라고 주장할 수 없다.

현실적으로 볼 때, 사회적 불의나 대중의 고통을 개선하려는 건강한 동기가 없는 사람은 자아실현자나 신선이 아니라 현실회피자, 현실도피자일 수밖에 없다. 그리고 그런 사람은 현실세계에서 벌어지는 참상을 보지 못하는 장님이거나 그것을 알지 못하는 바보가 아닌 이상 마음이 항상 행복할 수도 없다. 예를 들면 35분마다 한 명씩 자살하고 있는 한국사회에 살면서 마냥 행복하다면 그런 사람은 그다지 선한 사람이 아니라는 것이다. 이런 점에서 매슬로의 이론이 말하고 있는 자아실현이란 세계에 대한 과학적 인식과 개혁을 도외시하거나 부정하고 사람들의 이목을 인간의 협소한 주관적 자아 속에 가두어놓을 수 있는 위험천만한 주장이다. 매슬로 역시 자아실현에 대한 자신의 견해가 가지고 있는 위험성을 어느 정도는 알고 있었던 것 같다.

불교도들은 다른 사람과는 상관없이 오직 스스로 깨달음을 얻는 연각승과, 다른 사람들이 깨달음을 얻지 못하는 한 깨달음을 얻었어도 자신의 구제가 완전하지 않다고 생각하는 보살을 구분한다. 보살은 그 자신의 자아실현을 위하여, 아마도 우리는, 다른 사람을 돕고 가르치기 위해서는 그가 B-인식의 희열로부터 벗어나야만 한다고 말할 수 있을 것이다.(224쪽)

자아실현을 온전히 하려면 대중을 깨우치고 사회를 개혁하려는 보살행을 해야 한다는 당부의 말을 첨가하기는 했지만, 그것만으로는 부족하다. 왜냐하면 자아실현에 관한 매슬로의 이론은 앞에서 지적한 것처럼 주관적 자아를 절대화하는 내용 그리고 현실도피적인 내용으로 일관되어 있기 때문이다. 그렇기에 매슬로 역시 자신이 주장하는 자아실현이 다음과 같은 한계를 가지고 있음을 인정하지 않을 수 없었다.

자아실현의 본질적이고 필수적인 개념이 어떤 종류의 이기심이나 자기보호, 필요한 폭력에 대한 약속, 심지어는 잔인함에 대한 약속이기도 하다 … 자아실현은 이기적인 동시에 비이기적인 것이 틀림없다. 그리고 반드시 선택이나 갈등, 후회의 가능성이 있다.(221/225쪽)

나는 자아실현을 한 사람이 가장 훌륭한 사람이라고 말할 수 있으려면 자아실현의 개념, 다시 말해 건강한 사람의 기준에 최소한 다음과 같은 것들이 반드시 포함되어야 한다고 생각한다.

첫째, 건강한 사람은 심리적 병에서 자유로운 사람이다. 심리적 병에 걸린 사람이 모두 나쁘거나 악한 것은 아니다. 하지만 심리적 병은 사람들로 하여금 건강하지 못한 동기와 감정을 갖게 함으로써 타인들을 사랑하거나 사회를 위해 기여하려는 것과 같은 건강한 목적을 이러저러하게 방해한다. 따라서 건강한 사람이란 반드시 자신의 심리적 병 혹은 심리적 문제를 극복한 사람이어야 한다. 이런 의미에서 매슬로를 비롯한 수많은 사상가들이 강조했던 '자아초월' 혹은 '자기초월'이란 무아지경 상태에서 세상만사를 잊는 게 아니라 자신의 심리적 결함을 극복하는 것으로 재규정되어야 할 것이다. 건강한 인격이냐 아니냐를 판단하기 위해서는 정신건강이라는 기준이 포함되어야 한다는 점에는 매슬로도 동의하고 있다.

> 나는 자아실현을 인격의 발전으로 표현하였다. 그러한 인격은 젊은 날의 결핍된 욕구로부터 그 사람을 해방시켜주며, 신경증(유치하고, 환상적이며 혹은 불필요한 혹은 '비현실적인')으로부터 자유롭게 해준다.(218쪽)

둘째, 건강한 사람은 사회와의 관계 맺기에 성공한 사람이다. 사람은 누구나 다 사회 속에서 태어나고 사회 속에서 살아가며 사회 속에서 죽게 된다. 사람은 사회를 떠나서는 생존할 수 없는 존재일 뿐만 아니라, 사회를 더 좋게 발전시키려는 강한 동기를 가진 존재이다. 이것은 대부분의 성인들이 자기 자식과 후세들을 위해서 무엇이라도 기여를 하고 싶은 강한 소망을 품고 있는 데서 단적으로 드러난다.

사람은 어떤 식으로든 사회와 관계를 맺게 되는데, 이러한 관계 맺기에 실패할 경우 그 사람은 사회로부터 스스로를 고립시키기도 하고 사회를 증오하기도 한다. 반면에 사회와의 관계 맺기에 성공할 경우 그 사람은 사회에 기여하고 사회를 발전시키려는 자신의 동기를 원만하게 실현해나갈 수 있다. 따라서 누군가가 건강한 사람인가 아닌가를 판단하려면 그 사람이 사회와의 관계 맺기에 성공했는가 그렇지 않은가를 반드시 따져보아야 한다. 이렇게 개인은 사회와 건강한 관계를 충분히 맺을 수 있으며 또 맺어야 함에도 불구하고, 매슬로는 프로이트처럼 개인과 사회 사이의 관계를 의존적 관계 혹은 대립적 관계로만 파악하는 오류를 범하고 있다.

안전, 소속감, 애정관계, 그리고 존경 등에의 욕구는 다른 사람들, 즉 그 개인의 주변을 통해서만 충족되어질 수 있다. 이것은 환경에 대한 의존이 얼마나 지대한가를 말해준다. 이러한 의존적인 입장 때문에 사람은 진정 그 자신의 운명을 스스로 통제하고 지배한다고 볼 수 없다.(119쪽)

개인의 사회와의 관계에는 오직 의존적 관계만이 있는 게 아니므로 자아실현자가 (사람을 포함하는) 환경을 덜 필요로 한다는 매슬로의 주장에는 동의할 수 없다. 건강한 인격은 오히려 다른 차원 ―의존적 관계가 아닌 타인들과의 공동체적 관계, 연대의 관계, 지도적 관계 등― 에서 사회를 더욱 필요로 하는 존재라고 보아야 하기 때문이다.

사회와의 관계 맺기에 성공한 사람은 개인의 이익보다는 사회의 이익을 우선시하는 공동체의식과 이타적인 동기를 갖게 된다. 반면에 사회와의 관계 맺기에 실패한 사람은 사회의 이익보다는 개인의 이익을 우선시하는 개인이기적인 신념과 동기를 갖게 된다. 사회와의 관계 맺기에 성공한 사람은 또한 건강한 사회관계를 통해 사회에 커다란 영향력을 행사할 수 있게 된다. 반면에 사회와의 관계 맺기에 실패한 사람은 사회관계가 거의 없거나 병적이어서 사회에 영향력을 행사하지 못하거나 악영향만을 미치게 된다. 만일 매슬로가 말하는 자아실현자가 후자에 속한다면 그가 주관적으로 제아무리 행복할지라도, 당연히 그런 사람은 건강한 사람이 아니다.

매슬로는 '적어도 특별한 종류에 한해서는 다른 사람들이 그것을 허락하고 도와주기 때문에 대체로 자아실현은 가능해진다'(221~222쪽)고 하면서, 사회를 떠나서는 자아실현을 완전하게 할 수 없다는 것을 시인했다.

> 황량한 섬에 홀로 있었더라면, 그는 … 자아실현을 했어야 하겠지만, 어쨌든 그는 특별한 자아실현을 할 수 없었을 것이다.(222쪽)

나는 사회를 떠나서는 자아실현을 완벽하게 할 수 없다는 매슬로의 의견이 너무 안이하다고 생각한다. 왜냐하면 사회를 떠나서는 자아실현이 전혀 가능하지 않으며 황량한 섬에서 홀로 살아가는 사람에게는 자아실현을 할 필요조차 제기되지 않기 때문이다. 홀로 살 거라면 자아실현 따위는 해서 뭘 하겠는가? 주관적 행복을 위해서? 아니면 신선이 되기 위해서? 혼자 사는 사람에게 필요한 것은 육체적 생명을 지켜줄 의식주뿐이다. 그는 사회와 하등의 관계도 없으니 오직 사회 속에서 사는 사람에게만 제기되는 사랑, 양심, 정의, 탐욕 등의 문제로 고뇌할 필요조차 없다. 따라서 그런 사람은 의식주만 해결되면 행복할 테니 굳이 자아실현을 할 필요가 없는 것이다.

셋째, 건강한 사람은 세계를 변혁할 수 있는 사람이다. 누군가가 득도를 해서 신선이 되었다고 자기 자랑을 하면, 사람들은 이렇게 요청할지도 모른다. "신선의 힘으로 이 잘못된 세상을 조금이라도 바꿔보세요!" 그런데 만일 그 신선이 세상을 바꾸는 데서는 비겁하거나 무력하기 짝이 없다면 그런 사람을 건강한 인격자라고 말할 수 있을까? 서구의 신이 지금까지 칭송받는 이유 중의 하나는 인간이 도덕적으로 타락하면 천벌을 내림으로써 사회를 개혁할 수 있었기 때문이고, 동양의 부처가 지금까지 칭송받을 수 있는 것은 자신이 도를 깨우치고 나서는 대중을 구제하기 위해 사회 속으로 들어가는 보살행을 했기 때문이다. 건강한 인격자는 사람들을 깨우칠 수 있고 세상을 변혁할 수 있는 실천력을 가지고 있는 사람이다. 따라서 그 누군가가 주관적으로 몹시 행복하거나 세상만사에 초연한 신의 경지에 올라 있더라도, 세상을 바꾸려는 동기 그리고 실천력을 가지고 있지 못하다면 그런 사람은 결코 건강한 인격자가 아니며 자아실현자도 아니다.

매슬로는 자아(개인)와 사회(세계)를 분리된 것 혹은 대립되는 것으로 바라보는 경향이 있는데, 그것은 잘못이다. 왜냐하면 개인의 자아에는 반드시 사회가 반영되어 있기 때문이다. 간단히 말하자면 자아는 '의식에 반영된 나'(자아에 관한 좀 더 자세한 논의는 『새로 쓴 심리학』, 185~190쪽을 참고)이다. 자아에는 나에 대한 견해, 나에 대한 태도와 감정을 비롯한 나와 관련된 모든 것들이 포함된다. 그런데 여기에서 말하는 '나'란 어디까지나 사회 속의 '나'이지 사회와는 아무 상관이 없는 순수한 '나'가 아니다. 예를 들면 '나는 정의로운 사람이다'라는 자아상을 가지고 있는 사람이 있다고 해보자. 이때 '정의'라는 것은 개인 차원이 아닌 사회 속에서만 제기될 수 있고 해결될 수 있는 문제이다. 다시 말해 '나는 정의로운 사람'이라는 자아상에는 이미 '나에게는 사회정의를 실현하려는 동기가 있다' 그리고 '나에게는 그런 활동을 할 수 있는 힘이 있다'는 내용이 담겨져 있다는 것이다. 여기에서 알 수 있듯이 사회와 분리된 순수한 자아란 존재할 수 없기 때문에 자아실현이란 애초부터 사회성을 띠게 마련이다.

만일 매슬로가 주장한 대로 자아실현이 최고의 동기나 목표가 되려면 앞에서 언급했던 건강한 인격의 기준을 충족시키는 건강한 자아부터 확립해야 한다. 그럴 때에만 자아실현은 현실도피적인 주관적 행복을 지향하는 게 아니라 사회 나아가 인류를 위해서 자기 자신과 세상을 변혁하는 것을 지향하는 최고의 가치를 가질 수 있다. 또한 그럴 때에만 매슬로가 권장하는 보살행이 가능한 사람이 될 수 있을 것이다.

내가 이름 붙인 보살행(Bodhisatticic path)이란 자기성장과 사회적 열망의 통합을 의미한다. 즉 최상의 '조력자'가 되는 최선의 길은 보다 완성된 사람이 되는 것이다. 최상의 사람이 되는 필수적인 한 측면은 다른 사람을 돕는 일을 통해서 이룰 수 있다.(매슬로, 『가치와 존재』 서문, 10쪽.)

제2차 세계대전 이후에 세계를 지배했던 양대 패권국이었던 미국과 소련의 전횡에 반대해 제3세계가 등장했던 것처럼, 매슬로는 그가 등장하기 전까지 심리학계를 양분해왔던 프로이트주의와 행동주의에 반대해 제3의 심리학, 인본주의 심리학을 창시했다. 그는 사람을 동물과 똑같다고 보는 생물학적 인간관, 사람의 어두운 면을 과장하는 부정적이고 비관적인 인간관과 결별하고 현실속의 사람, 건강한 사람을 연구하자고 외쳤다.

　욕구의 결핍이나 좌절이 정신병리 현상의 원인이 된다는 이론, 사회적 욕구에 관한 이론 등은 그가 심리학에 남겨놓은 뜻 깊은 흔적이다. 그러나 매슬로와 그의 동료들이 치켜들었던 인본주의의 깃발은 힘차게 펄럭일 수가 없었는데, 그것은 그가 지극히 개인주의적이고 주관주의적인 자아실현 이론을 주장했기 때문이다. 이런 점에서 매슬로는 뜻과 목적은 원대하고 옳았으나 잘못된 길로 나아가고 말았던 심리학자였다고 할 수 있다.